« NOIR DEVIENDRA BLANC ET BLANC DEVIENDRA NOIR »

DIXIT de Tata KIMBANGU

Mbanza-Nsanda, 10 septembre 1921

Elisabethville, 17 août 1922

ZUNGA-DIA-NKAMBA

EDITIONS

ZK Concept Éditions

Zunga.concept21@gmail.com

Première Edition Octobre 2023

© Silutoni Francisco © Zunga-Dia-Nkamba-Cpt Editions Octobre 2023

ISBN: 978-952-65325-0-9 (broché)

ISBN: 978-952-65325-1-6 (relié)

ISBN: 978-952-65325-2-3 (PDF)

ISBN: 978-952-65325-3-0 (ebook)

CENTENAIRE

NKAMBA NOUVELLE JÉRUSALEM

KIMBANGUISTE

1921-2021

DE L'EGLISE

SILUTONI FRANCISCO

« NOIR DEVIENDRA BLANC ET BLANC DEVIENDRA NOIR »

DIXIT de Tata KIMBANGU

Mbanza-Nsanda, 10 septembre 1921

Elisabethville, 17 janvier 1922

ZUNGA–DIA–NKAMBA

EDITIONS

ISBN : 978-952-65325-0-9 (broché)   978-952-65325-1-6 (relié)

ISBN : 978-952-65325-2-3 (PDF)   978-952-65325-3-0 (ebook)

Octobre 2023

1. INTRODUCTION

Le Kimbanguisme, comme nouvelle civilisation du Troisième Millénaire à nos portes venait de souffler ses cent bougies, les échantillons de cette expérience ont auréolé dans sa ville sainte, lieu de sa naissance au jour du 06 Avril 2021… Cent et deux ans jour pour jour, que le dixit, l'assertion, la phrase angulaire de Tata KIMBANGU : « NDOMBE SIKAKITUKA MUNDELE YE MUNDELE SIKAKITUKA NDOMBE » avait été prononcé en pleine battante colonisation de l'Afrique en général, et du Kongo Kinshasa en particulier.

Le Père Esprit-Saint, papa KIMBANGU Simon dans les lueurs d'une série des injustices effrontés et séculaires dans son Afrique natal qui continuaient à perdurer dans sa marche, il ouvrit le bal d'une philosophie simple, originale et salutaire dans le bassin du Kongo-Océan. Cette nouvelle danse spirituelle a pris de revers l'euphorie dévastatrice de l'Occident qui ne dansait que dans la perfidie maladive de domination, de pillages et excavations.

Les différentes fouilles archéologiques des années vingt en Egypte dans la vallée des Pharaons apportèrent questions et énigmes que les philosophies de leurre, la science de l'appât et du gain n'arrivât plus à soudoyer. Et lorsque le grand bouleversement spirituel arriva avec cette assertion directrice de Tata KIMBANGU, la classe de l'obscurité épaisse commença son déclin. Le déclin d'un empire se mesure dans sa cruauté, sa défensive en distribuant des sanctions, en multipliant de fautes de jugements par la force, qui est le symbole de mesure.

Papa Simon KIMBANGU dans cette première phase joua le rôle du Soleil Levant dans le firmament. Il était question d'ouvrir les rayons d'espoir à la portée de tous les opprimées sans exception aucune. Tout le monde s'est précipité pour vivre les miracles, l'épopée salvatrice. Majorité des personnes s'était émerveillé par la grandeur et l'audace de ce train des mouvements de libération.

1

Ce Soleil Levant que les augures, les occultes, les têtes royales avaient déjà prédit son apparition bien avant qu'ils ne viennent préfigurer sa présence physique présumant cette guerre néfaste qu'ils optèrent mener de fonds et de face, en resserrant les options votées par le complexe de supériorité maladive, de répressions et de spoliations. Avec l'historique, nous déterminerons avec détails, dans l'espace et dans le temps, en long et en large les circonstances dans lesquelles cette assertion a été prononcée. La logique de paix, d'amour et de non-violence a servi de base pour exprimer cette idée maîtresse avec la dextérité plausible et possible que les réalités ne pouvaient soupçonner la portée et la grandeur de la vérité.

La joie de voir un d'eux, un africain des terroirs se lever pour tenir la tête à la machine écrasante des alizés occidentales de subordination engendra des slogans d'espoir et de victoire, comme un maillon, une chaine, une bouffée d'air pur et un rayonnement éclair des lendemains meilleurs. À la fin, Tata KIMBANGU entra dans les entrailles de la terre en tant que Soleil Couchant, sources des eaux et de toutes les énergies.

Ces slogans d'antan et ceux d'aujourd'hui se marient dans la logique d'un voyage en connaissances et savoirs pour appréhender les valeurs intrinsèques de ce mouvement de libération, cette philosophie divine que l'on s'en approprie dans l'apprentissage de soi-même, de l'autre, d'hier, d'aujourd'hui, de demain et du lendemain.

Les incompréhensions des unes et des autres sur les vraies aspirations de cette philosophie divine, philosophie nouvelle de Tata KIMBANGU créa une lutte de classes et de pouvoirs entre les impérialistes venus des hordes froides occidentales sur les territoires chaudes des autochtones qui ne voulaient rien d'autre que récupérer leurs opprobres bafoués et leurs dignités perdues. L'essence de ce mouvement spirituel devait commencer par l'intérieur, la substance vivante de l'âme, le corollaire de l'esprit pour booster le corps dans les dimensions ascendantes.

2

Durant les cent ans de ce mouvement, de cet éveil, nous essayerons de le subdiviser en quatre périodes, le début de ce mouvement dans sa base arrière, la réponse de l'occupant violent et apeuré, la résilience de l'autochtone dans la clandestinité et enfin la lutte atroce et la résistante victoire de l'éveil par la reconnaissance officielle pour sa marche lente et sûre à la conquête de l'univers entier dans ses quatre coins de la planète.

La Force du dixit de Tata KIMBANGU vient du ciel, sa demeure, les anges qu'il s'est accompagné avec, chacun en conscience et amabilité joua son rôle dans le plan directeur qu'ils se sont convenus avant de venir sur cette terre des hommes et d'injustice à la solde du méchant, Satan le diable d'avec ses démons qui le peuplent pour renverser les assises des méfaits qui ont pris asile ici-bas.

La Force du dixit de Tata KIMBANGU est tranquille, non-violente, non-envieuse, patiente, limpide, claire et plein de béatitudes. Elle a attendue son temps, son accomplissement est certain et sûr. Elle coule dans toutes les surfaces, de la source jusqu'à l'embouchure, malgré les terrains glissants, les plateaux, les plaines, les collines, vallées et méandres, elle passe son chemin.

La Puissance du dixit de Tata KIMBANGU est éternelle et s'en va lentement et sûrement sans dires ni publicité notoire vers sa victoire écrasante acquise depuis le paradis céleste d'où elle tire sa révérence. Elle est venue s'installer sur la terre pour que la volonté de Dieu Père Esprit-Saint se fasse comme dans le ciel selon la prière fondamentale de son Fils Jésus-Christ dans sa nouvelle identité, Tata Dialungana Kiangani Salomon telle elle est stipulée dans l'évangile selon Matthieu VI, 9-13

La Puissance du dixit de Tata KIMBANGU est immuable, car Sa Divinité est d'ores et déjà d'Éternité en l'Éternité, du Commencement jusqu'à la Fin. Sa Parole est Vie, Son Énergie, Son Flux est Transcendante, Ascendante, Descendante, Oblique, Vertical, Horizontal, Circonférentiel, Droite et Globale, donc Tous en Tout, c'est-à-dire Omniprésence Sphérique comme le Magma du Volcan. Omniscience et Omnipotence, ses autres verbes qu'il conjugue à bon escient et à volonté sur la terre, dans les eaux et dans les mers et océans, dans l'espace, dans le temps, sous la terre, dans le séjour des vivants comme celui du séjour des morts.

L'homme son atome, l'unité principale qu'il a créé pour servir de maître de cérémonie pour le Soleil dans les deux pôles, le firmament et les entrailles de la terre ; sur la terre et au ciel, vivants ou morts, dans ce corps ou en esprit.

Le Vrai Fond du dixit de Tata KIMBANGU Simon est la fin de la dualité que le monde s'est imposé en systèmes, en actions, en politique et dans tous les aspects de la vie.

Pour mieux élucider cet état de chose nous avons présenté le fonctionnement du monde, combien et comment les soi-disant puissants manipulent les uns et les autres, esclaves, serviles, agents intermédiaires dans un discours dysphonique dans lequel les uns et les autres dansent aux sons de cette musique d'annihilation.

Nous avons parlé des Amériques, de sa découverte masquée et frauduleuse de Christophe Colomb, ainsi que de l'embouchure du fleuve Kongo par Diego Câo en 1492, source créatrice de la dualité espagnole et portugaise... Cette invention de la papauté a modulé le nouveau monde dans lequel nous y sommes aujourd'hui enclin de la décadence et des stigmates de destruction.

Les Enjeux du dixit de Tata KIMBANGU Simon sont multiples, le naturel des péchés va disparaître pour la transformation de l'esprit qui se ferrait comme dans un mouvement de clin d'œil, alors l'on sera vêtu de l'immortalité et de l'invincibilité sur tout ce qui est inférieur et négatif. Car l'esprit est intarissable, sa source est divine. Le Père Esprit-Saint, Tata KIMBANGU va relâcher l'Esprit pour vivifier l'Afrique selon ses prérogatives d'affirmation et de confirmation.

Les Victoires du dixit de Tata KIMBANGU, nous les avons énumérées en cinq points selon le nombre de sa famille d'abord biologique, après physique et enfin spirituelle.

La Première des Victoires était sa parole, son enseignement et son appel sans vergogne ni peurs dans le contexte de domination où se trouvait son territoire, ses contemporains proches et lointains d'Afrique. La Deuxième des Victoires était la conscience collective nait de son courage à braver les interdits et les restrictions dans la paisibilité.

La Troisième des Victoires, la fin des ravages et des terreurs des négativités comme la sorcellerie, les sorts, la vente des âmes physiques et spirituelles. La Quatrième des Victoires est la réalisation en nature des édifices, temples, écoles, hôpitaux et de tout ce qui est palpable comme les offrandes, les rassemblements de personnes et de biens.

La Cinquième des Victoires est la continuité, la progression, le développement de l'institution partant de la reconnaissance, passant par les péripéties mauvaises et bonnes pour la concrétisation de la composition, qui est la victoire du bien sur le mal.

Le Sens Profond du dixit de Tata KIMBANGU Simon, est le renversement des rôles dans l'évangélisation dû à un tournant dans l'orientation de l'axe de la missiologie qui désormais sera orienté de l'Afrique centrale (Kongo) vers le monde. De l'Afrique vers les extrémités.

La fin des approbations et des assurances des « Maîtres », « Gourous » et des Institutions des Malheurs qui terrorisent le monde, l'Afrique en particulier. Enfin nous avons tiré une conclusion sur le rôle prépondérant de l'Afrique en tant que berceau non seulement de l'homme et de la vie, mais aussi des sciences, des arts, des sports et tous les autres aspects de la vie dans toutes ses dimensions. Un épilogue, où la vraie justice de Dieu va remplacer l'hypocrisie et le mensonge qui a belle lurette pris assise dans le vécu de l'homme, cette nature pécheresse est appelée à la carbonisation.

« Au commencement était la Parole, la Parole a été avec Dieu, et la Parole est Dieu. Tout a été fait avec elle et Rien de ce qui vie est fait sans elle »   Jean I, 1-3

2. HISTORIQUE DU DIXIT DE TATA KIMBANGU

Le Kimbanguisme est venu du ciel, programme du Père Esprit Saint, dans sa Sainte Trinité depuis et avant même la création de l'homme. Les trois personnes en Dieu, dans leur préséance, dans leur intimité céleste et dans leurs secrets séculaires ont fixé les voies et moyens de vouloir l'implanter sur la terre.

Depuis et avant la vie sur terre : Dieu, le Père ; Dieu, le Fils et Dieu, le Saint-Esprit avaient mieux jugé de créer du tohu-bohu, la vie. La vie a été accompagnée de la présence de cette même composition qu'ils représentent, entre-autre la Parole, L'Eau et le Sang, le Souffle et l'Esprit de vie. Ces cinq éléments qui représentent la Sainte Trinité en actions et en devenir ont intrigué Satan, qui pour n'avoir jamais saisi les appréhensions de l'Esprit de Dieu dans ses mouvances au-dessus de la mer, cherchait à mesurer et à vouloir comprendre ce phénomène qui l'intriguait et qui à la fois vivifiait et torturait sa convoitise.

L'entrée de Tata KIMBANGU dans les aires de Nkamba par le miracle de maman Nkiantondo, le son de cloche du 06 avril 1921 ont envoyé un signal fort pour les sbires des ténèbres qui jalonnaient les périmètres du secteur de Lunzadi, de Ntimansi et de Ngombe-Matadi pour enfin montrer leurs faces ternes.

Les missionnaires Jennings et Hillard, déjà au mois de mai sont passés pour aboyer de l'amertume du maître à penser de la forte Baptist Missionnary Society. Ceux-ci furent suivi au mois de juin 1921 par Morel Léon, l'administrateur qui était venu s'enquérir par lui-même de la genèse du mouvement, des dégâts causés ainsi que des mesures appropriées qu'il fallait prendre pour arrêter la peste de Nkamba, le catéchiste illuminé.

Ses premières impressions teintées d'une suprématie maladive de suspicion avaient minimisé l'affaire pour une simple cuisine interne qu'il fallait juste appliquer la force violente de la colonisation pour ainsi mâter les Noirs à revenir chez la junte blanche de Ngombe-Lutete. Ils devaient revenir à l'ordre de gré ou de force ou soit subordonner la singularité de zone secondaire de foi protestante par la puissante diocèse catholique des Cataractes.

Les 20 soldats en équipe, fusils, bâtons et baïonnettes à la main accompagnant l'administrateur Morel Léon ont exécrablement saccagé Nkamba dans la brutalité, le pillage ainsi que les vols de biens et avoirs des villageois et villageoises.

Nkamba, ce paisible site, ce havre d'amour, de charité, de dévotion, des rencontres, devint en ce jour du 06 juin 1921 un champ de lutte. Ceux qui juste désiraient prier, recevoir l'absolution de leurs péchés, vivre les miracles, savourer la magnitude et les béatitudes de notre Seigneur Jésus-Christ d'une nouvelle façon étaient déçu.

La nuit tombante, l'arrestation ratée de la veille, Morel Léon ainsi que ses soldats rentrèrent bredouille pour la cité de Thysville, anciennement Nsona-Ngungu, rebaptisée aujourd'hui Mbanza-Ngungu.

L'équipe de retrait elle aussi ne resta que quelques heures sans succès sur le sort de Tata KIMBANGU en vue. De son escale de Vula dia Ngombe alias Ngombe-Lutete / Whatten I, l'administrateur Morel Léon reçut la consolidation de Jennings sur la dangerosité de ce mouvement qui n'est pas seulement religieux mais à la fois politique et panafricaniste. Ensemble la vieille école de Jennings associée à la jeune école de Morel se confortèrent dans la ténacité de la lutte assidue contre l'illuminé de Nkamba et de toute sa bande des aveugles suivistes.

Comme le Seigneur Jésus-Christ l'avait dit, le temps de te faire arrêter n'était pas encore arrivé. Lui-même le Seigneur ordonna aux anges de revenir soustraire son père des griffes des soldats qui l'avait assommé par terre avec l'intention de le poignarder à l'aide de la baïonnette.

Du safoutier, l'ange sortit et avec la force du ciel il extirpa Tata KIMBANGU de la geôle éphémère et de l'étreinte du soldat. En courant en bandoulière il tomba dans un marécage, Dieu étant prévoyant, son psautier ne se mouilla guère.

Tata KIMBANGU Simon s'extirpa de leurs vues et sues pour le périphérique à Muanzi'A-Kienga, où il commença à suivre les déroulements du saccage de Nkamba. Mandombe Lukuikila Mikala ses douze années d'âge de jeune fille en rescousses entra en transes pour communiquer avec son leader afin d'y venir le trouver pour la suite du service du Seigneur, à l'endroit aujourd'hui dit Muanzi'A-Kienga.

Voici d'une manière succincte, le déroulement de ses péripéties du 06 juin 1921. Après être revenu de Tadi, où ils sont allés en retraite de jeûne et prières avec ses disciples, en arrivant à Nkamba Tata KIMBANGU Simon s'adressa aux personnes qui l'écoutaient et leur dit : « Je vois que l'ennemi approche, c'est pour cela que je demande à tout celui qui n'est pas en mesure de se maîtriser de quitter ces lieux ».

A l'instant même où il finit de parler, ils virent sur la colline un blanc qui se dirigeait vers Nkamba, suivi de plusieurs soldats. C'était Monsieur Léon Morel. Peu après, une bagarre éclata dans le village. Les vieux qui s'y trouvaient ne s'alarmèrent pas car Tata KIMBANGU Simon leur avait intimé l'ordre de ne pas user de violence même si les assaillants venaient à les frapper. Il avait même bonnement ajouté que : « Notre Dieu se battra contre eux ». Mais lorsque Monsieur Daniel Mbandila, ne pouvant plus résister aux coups qu'il recevait, prit une brique et la lança sur un soldat, la bagarre devint générale. Tout le monde usa de la violence et c'est à ce moment-là que les fusils furent utilisés : une femme du nom de Niongwa qui portait au dos son enfant nommé Kitangulua, perdit ce dernier, qui fut tué par balle. Tata KIMBANGU Simon fut arrêté et maintenu au sol, en lieu nommé « Luyindulu » avant d'être plaqué ensuite contre un arbre fruitier, le safoutier. A ce moment-là, un ange du Seigneur apparut sur l'arbre et frappa les soldats.

Tata KIMBANGU Simon put alors s'échapper, suivi bien après par une jeune fille de douze ans qui s'appelait Mikala Mandombe. Elle aussi avait été arrêtée pendant le désordre. Au même moment, Daniel Samba ravit un fusil des mains d'un soldat et s'enfuit avec en direction de Kinsuni, alors que Monsieur Nseke lui, avait choisi de s'enfuir avec une couverture.

Le village de Nkamba fut secoué par cet événement. Léon Morel s'en alla. Après son départ, Tata KIMBANGU Simon revint à Nkamba. Il y resta encore pendant cinq jours avant de s'en aller à Mbanza-Nsanda en clandestinité de près de trois mois.

Avant que Tata KIMBANGU s'en aille pour la clandestinité, les villageois se plaignirent pour les exactions, les vols et les sévices endurées lors de ce saccage de la cité de Nkamba.

Avec tout son sérieux, Tata KIMBANGU Simon leurs répondit ceci : « Ne vous souciez point de ce que vous avez perdu, de ce que vous avez endurez, ni de vos peines et souffrances, au temps voulu par le Seigneur, ils payeront au multiple ce qu'ils ont érodé de vos maigres économies »

Avant de se préparer pour sa clandestinité, Tata KIMBANGU Simon eut soin d'amener Mama Muilu Marie, son épouse alors enceinte avec deux de ses fils, papa Dialungana et papa Diangienda. Leur première cache était à Ndimba-Nkenge et par après à Tadi, sous le hameau des pierres.

Après l'accalmie des événements du 06 juin 1921, la famille restée de trois personnes à travers buissons, arbustes, plaines, vallées et forêts, se faufilèrent et se refugièrent à Madinga pour une période assez courte. Dans ce hameau que naquit le quatrième enfant, une fille nommée Nsilulu, avec la particularité d'une denture complète, un franc parler et une franchise des mouvements de pieds et de mains.

La réception de cette famille (Maman Muilu & 2 enfants) dans le hameau de Madinga a été froide non par mauvaise volonté mais plus par peur d'arrestation et déportation. Papa Lungezi et maman Tondadio du clan Kinkumba ont été leurs hôtes dans ce village de Madinga.

9

Plusieurs personnes fuyèrent le hameau pour une période (quelques semaines / mois) dans les environs et aux alentours. Le colon dans son rôle d'autorité est venu à Madinga pour demander à cette famille d'accueil : « Qui était cette femme enceinte parmi eux ? »

La réponse était simple, une parenté, en l'occurrence une nièce à nous qui est en visite… La réponse passa l'épreuve de contrôle sans atermoiements. Ce n'est aussi qu'après un temps d'installation courte, que cette naissance survint. Le lieu de naissance, c'est-à-dire la case dans laquelle l'accouchement s'est produit le lieu de la conversation fatidique entre maman Muilu et l'enfant ainsi que le cimetière dans lequel la dépouille de maman Nsilulu a été enterré servent de sites historiques répertoriés par l'Église.

Les travaux de réfection du mausolée de maman Nsilulu ont débuté le 04 août 2023 et l'inauguration ce vendredi dernier 22.09.2023

Le mausolée de maman Nsilulu a été rénové ainsi que les autres tombeaux constituant les derniers lieux de repos des autres villageois de

10

Madinga. Une messe d'action de grâce s'est faite à cet occasion ce vendredi 22 septembre 2023 en présence de Sa Divinité Kimbangu Kiangani Simon, ses deux conseillers directs, papa Mbenza André ainsi papa Diangienda José accompagnés de leurs épouses respectives à Madinga. Les clergés, les chorales, la fanfare, les surveillants, les mouvements et associations du siège de Nkamba et des environs de Lambu'A-Nzadi y ont été pour cette cérémonie riche en discours, information et impacts spirituels.

Le dixit de Tata KIMBANGU Simon a de son vivant été prononcé par lui-même à ses disciples dans le bagne de Lowa, au Maniema en août 1952. Lors de cette visite de 9 jours, du 29 juillet au 06 août 1952, il vint le réconforter de tenir ferme, l'heure de la libération était imminente. Bien que nombreux d'eux se sont laissé apprivoiser par les miroitements des autres confessions religieuses.

« Ses Paroles, ses Déclarations, ses Dispositions Divines se réaliseront telles qu'elles ont été énoncées à Nkamba, à Mbanza-Nsanda ainsi qu'aux autres confins et lieux de leur séjours et enseignements pendant la clandestinité au temps voulu du Seigneur »

La visite de Lowa était très spéciale, car elle s'est passée en août 1952, une année après sa mort physique à Elisabethville, le 12 octobre 1951. Tata KIMBANGU Simon est venu en compagnie d'un homme et d'une femme et d'un enfant de bas âge.

Il avait de façon souple, claire et nette précédait leurs arrivées par deux lettres au nommé papa Mahambu Esaïe dans son champ pour avertissements et motifs de préparation d'attente.

Mais en raison soit d'incrédulités, soit d'entendements de doutes, il n'eût pas le courage d'informer les autres co-arrêtés de cette visite. Dieu étant souverain, il opta pour une autre solution. Ce dixit de Tata KIMBANGU que nous allons décortiquer a servi de motif de son arrestation par le pouvoir colonial, interprétation des philosophes de leurres qui était siennes dans leurs folies de la grandeur et de domination exécrable.

« Dieu n'est pas un homme pour mentir ni un fils d'homme pour se repentir, il a dit ...Et il le fait »

Nombres XXIII, 19

---

3. LES SLOGANS DANS LE KIMBANGUISME

Les slogans en tant que formule concise et frappante utilisée pour la sensibilisation, assertion d'encouragement pour une cause donnée, concept d'appropriation d'une pensée élargie, paradigme de prédilection de la vie cultuelle, ou affirmation affichée d'identité. Les slogans au sein de l'Église Kimbanguiste sont nombreux, selon la genèse, l'histoire, les mouvements, les associations, les chorales, les groupes et les services d'appartenance.

La première assertion reconnue comme slogan est celle prononcée à la genèse de l'œuvre du Père Fondateur, Papa KIMBANGU Simon. Comme Tata KIMBANGU est le Père de la conscience africaine, le premier slogan était la réponse à la question : Nani i tata KIMBANGU ?« Qui est Tata KIMBANGU » ? « Ntumu'a Mfumu'eto Yisu Klisto »

Ce slogan a été combattu par les politiques, les religieux, les hommes d'affaires, les aventuriers ainsi que les incultes et les occultistes de façade, d'emprunt et de derrière.

Toute la société dominante s'était fixé un but : « Nous ne devons en aucun cas laisser ce nègre être pris au sérieux par les siens ». Depuis quand un Noir, de surcroît un nègre est connu et envoyé par Jésus-Christ.

Le second slogan faisait référence à la « Ville Sainte », « Tuendeno Kueyi ? » : « Ku Mbanza Bakundi » ... « Mundiambu dia nki ? » ... « Kadi Ngunza Mpa Umonekene Ko » : Où irons-nous ? À la Ville Sainte. Pourquoi ? Parce qu'Un nouveau prophète est apparu.

Quand il y'a eu abondance de mouvements des masses vers Nkamba les cinq piliers de la colonie ont crié à l'unanimité : « désordres, risque des épidémies, abandon des postes, insubordinations, restrictions ». Interdictions et pas d'accès aux indigènes. Cela a duré 40 ans.

Quand la violence des autorités, les menaces des missionnaires et la brutalité des financiers et créanciers s'ajoutèrent, le troisième slogan était « Kangama tu Kangama » : « Katuena ye Wonga Ko » ... « Seriez-vous arrêtés ? Si, nous le serions sans crainte »...Réponse de l'autorité : Relégation.

Quand la relégation s'intensifia, le quatrième slogan : « Nani Tukuenda Samuna Munza ?» « Tata Simoni KIMBANGU, Ntumu'a Mvuluzi » Qui allez-vous enseigner au monde ? Quel message allons-nous apporter au monde ? Le message de « Tata Simon KIMBANGU, envoyé de notre Sauveur » ... « E Kweyi Lukuenda?» ... « Munza ya Mvimba » ... « Où Irez-vous ? » ... « Dans le Monde-Entier » ... « MuSala-e-Nki ?» ... « Kitula-Mimpakano-Se-Minkuikizi » ... « Transformer les païens en croyants ».

Comme les enfants étaient une proie facile pour leur innocence, en cas où les espions des autorités leur demandaient l'emplacement de Tata KIMBANGU qui était poursuivi, un lyrique leur était composé comme slogan ou réponse de sauvegarde.

« Baleke, Baleke E kweyi Tata Simoni Kimbangu Wayenda'e ? E Waah Beto Katuzeyi Ko, Kweyi Kayenda Vo Wafua, Vo Wamoyo, E Waah » ... « Les enfants, où est parti Papa Simon KIMBANGU ? Ah Ah Nous ne savons pas où il est parti, s'il est mort ou s'il est en vie, Ah Ah »

« Vula, Vula Kueyi ? Ku Nkamba »

« Wamana Longua Ngangu, Wanuka ye Zaku »

« Vo Kuma Lawu, Sa Bueyi ? Vuata Mbati »

Slogans	Réponses
Nkamba	Nkamba, Yeluselemi Diampa Dikundanga Tata Nzambi, Mfumu Yisu ye Tata Muanda Velela Nkamba, Nouvelle Jérusalem où réside Dieu, le Père, Dieu le Fils et Dieu le Saint-Esprit
Kimbanguisme	Espoir du Monde, Église Universelle
Papa Simon Kimbangu Kiangani	Muanda Velela, Wazola, Walembi Zola Ibuna Kaka ye Kaka, Yandi Kaka ee Esprit-Saint, Vouloir ou Pas, C'est Ainsi
Kusimba ! Kumeka ! Yandi Kele !	Kusimba Ve ; Kumeka Ve ; Yandi Kele Tiya
K	Kawa Nkaka Ko x :3 Mfoko
Kinshasa	Kinshasa Miroir de l'Eglise, Ville-Capitale Kinshasa, Pelo dia Dibundu, Mbanza Kintomba
Mbanza-Ngungu	Mbanza-Ngungu, Kuna dia Kangamena i Kuna Sidia Kutukila, Muelo dia Yeluselemi Lieu de Décision et Promesse, Porte de Jérusalem
Kiemba	Kiemba, Mvundulu'a Mfumu Yisu ; Kiemba ye Telema Lieu de Repos du Christ, Service d'Immigration
Inga	Inga, Lumière du Monde Entier
Kasa-Vubu	Kasa-Vubu, Garage Central ; Parlement International
Ndjili	Tuku dia Mambu
Mbata-Kuluzu	Nsanda Dia Kongo, Tuku Dia Nza ya Mvimba, Yeluselemi Dia Nkulu
Angola Viva !	Tuku Dia Makanda Yezi Ndinga Source de Peuples et de Langues
Kongo-Brazzaville	Ebandeli Ya Makambo Ya Kitoko, Porte Ya Yeluselemi Le Commencement de Bonnes Choses, la Porte de la Nouvelle Jérusalem
Brazzaville Oyé	Ville-Phare, Grille d'Entrée de la Nlle-Jérusalem

Vula Vula Kueyi ?	Ku Nkamba
Nani Utunga Dio ?	Ngeye ye Mono Tutunga dio, Keba
Kutu Kwenda ?	Ku Nkamba
Où irons-nous ?	A Nkamba, la Nouvelle-Jérusalem
Nki Tukwenda Sala	Sambila, Sala Salu, Tuela, Kuna ye Tunga Nkamba-Yeluselemi
Que ferions-nous ?	Prier, Travailler, de l'Élevage, de l'Agriculture et Construire Nkamba, la Nouvelle-Jérusalem
AEPKI	Bobangi Ya Nzambe, Ebandeli Ya Mayele La Crainte de l'Eternel, le Commencement de la Sagesse
GTKI	Pilier de l'Église, Mbombo'A Mbu'a
Dirigeants	Grand Pilier de l'Église
	Alanga Nzembo, Bana Batonda Na Nguya Ya Tata Molimo Mosantu ; Mvula Kintombo Chantres, Personnes Ointes du Saint-Esprit
Choreki	Avenir de l'Église, Noyau de la Jeunesse
Fluki	Flûtistes, Héritage du Saint-Esprit
UJKI	Jeunes, Avenir de l'Église
GGKI	Basepelisi ya Tata Nzambe
FaKi	Ceinture du Chef-Spirituel, Dépôt, Garage
FaReKi	Source des Sources, Racine Pivotante de l'Église ; Ngiatikulu'A Kisalu, Mana Tuawa Mana Tuamona
Nkengi	Babateli, Litoyi pe Liso ya Lingomba
Concierge	Gardien, Oreille et Œil de l'Église
Yeluselemi	Chorale-Mère de l'Église ; Témoin du Saint-Esprit
AFKI	Mamans, Soutien de l'Église
APAKI	Papas, Fondation de l'Église
Ratelki, Radio Télé Kimbanguiste	Elobeli pe Bapanzi Sango ya Lingomba Diffusion et Information au sein de l'Église La Voix du Kimbanguisme
Preski ; Presse Kimbanguiste	Bakomi pe Bapanzi Sango ya Lingomba Presse et Garant de l'Information de l'Église

15

Bambuta Anciens	Tolingi Bolingo, Mibeko pe Misala Désirons l'Amour, les Préceptes et les Œuvres
MSSK	Ba Soldats ya Tata Molimo Mosantu ; Toko Défendre Ye na Nko, Nko Mpe na Nko Soldats du Saint-Esprit, Défendons avec Force
GAAKI	Ambassadeurs et Animateurs du Saint-Esprit
Inter SK	Futurs Cadres de l'Église
AJACS	Zunga, Nkua Sina Diambu, Tuku ; Nsimba Au Début de Toute Chose, la Source
Muanganisa	Muanganisa Nsangu Za Tata Simon Kimbangu Kiangani, Muanda Velela
C.E.K	Espoir ya Tata Simon Kimbangu Kiangani, Molimo Mosantu Espoir de Papa Simon Kimbangu Kiangani, le Saint-Esprit
NtiNgoLu	Ntimansi, Ngombe-Matadi ; Lunzadi, Nkua Sina Diambu Tuku Trois Secteurs, à la Genèse, il y'a la Source
Ngombe-Matadi	Muelo A Yeluselemi
Lambu'A-Nzadi	Nzuzi, Mavata Mia Tuku Dia Nza
Madinga	Vata dia Tata Nkento Nsilulu, Tuku Diasolua Tuka Muna Nsemono Dia Nza
Finlande	Forte, Plus Forte, Toujours Forte
Pointe Noire	
Bana Misato Lukaya-Kasaï-Luozi	Mabombami ya Tata Nzambe, Nkolo Yesu pe Tata Molimo Mosantu
Kunzulu	Capitale Économique et Industrielle de l'Église Kimbanguiste, Nous Défendons Notre Cause Juste
Cette Liste n'est pas	Exhaustive, des Slogans il y'en a des Milliers !

« Une Seule Devise : Plus c'est Gros, Plus ça Passe !» ... « Une fois que l'on a dit un mensonge, il faut en dire beaucoup d'autres pour justifier le premier. La spirale est sans fin. Que pourrait-il se passer ? »

4. LES INCOMPRÉHENSIONS DU DIXIT DE TATA KIMBANGU SIMON

" Si tout le monde accepte le mensonge, le mensonge passe dans l'histoire et devient la vérité " 1984, disait George Orwell

De tout temps, les puissants se sont arrangés avec la vérité pour donner à l'Histoire le sens qu'ils souhaitaient. Car bien ficelé, le mensonge est d'une efficacité redoutable ! Rien de tel qu'une contre-vérité pour préserver un secret d'état, qu'une illusion pour manipuler l'opinion, qu'une invention pour provoquer une guerre...Le XXième siècle finissant a ouvert une ère nouvelle : celles de la communication de masse et des médias, qui font du mensonge une arme d'autant plus puissante.

Au service de toutes les idéologies, le mensonge a façonné notre époque, pour le meilleur et pour le pire : où serait l'Histoire sans propagande, sans désinformation, sans dissimulation ? Qui sont les menteurs ? Des chefs d'Etat, des hommes politiques ou des chefs d'Etat-major soutenus par leur hiérarchie. Ils n'hésitent pas à mentir à la radio, à la télévision, à des millions de personnes, et même sous serment devant les plus hautes instances de l'Etat.

Ils s'appuient sur les services secrets, la stratégie militaire ou les agences de communication pour rendre crédibles leur mensonge. Une seule devise : « plus c'est gros, plus ça passe ! ».

Dans les appareils d'Etat, tous les moyens sont bons pour accréditer ou masquer une opération. Le mensonge n'est pas une simple affaire de mot, voire de silence. Il suppose des réalisations pratiques ainsi que des supports techniques.

Parfois, des équipes entières sont nécessaires pour bâtir les vraies illusions. Au service des nations, mentir, c'est réinventer le monde.

Souvent oubliés, rarement punis, les mensonges des puissants atteignent toujours leur but : Ils Changent Le Cours De L'Histoire.

Les formes du mensonge

- L'officieux, qui serait dit pour ne pas faire de peine, pour protéger, pour ne pas choquer,
- Le joyeux, qui serait utilisé pour faire rire, pour distraire,
- Le pernicieux, qui serait proféré pour faire mal, pour tromper, pour escroquer…

Le dixit de Tata KIMBANGU Simon a été prononcé un certain samedi 10 septembre de l'an 1921. Sachant que le temps pour se rendre aux autorités qui le chercher était arrivé. Il entra dans l'enceinte en rameaux qui servait d'office de salle de prière d'un air grave pour un message fort d'aurevoir.

Mais avant d'aller en détails sur ce jour mémorable, faisons recours à la sagesse et à la tradition africaine d'abord pour élucider ce principe énoncé ci-haut dans notre monde actuel.

Il était une fois le « Nkosi », le Lion ; le « Ngo », le Léopard et l'« Ebuluku », l'âne. L'âne dit : l'herbe est bleue, non pas question répond le léopard. La discussion s'enflamma en s'envenimant entre-eux, ils se décidèrent d'aller trouver le lion, le roi de la forêt.

L'âne commença à crier : Majesté n'est-ce pas vrai que l'herbe est bleue ? Le lion répondit : Vraie, l'herbe est bleue. L'âne continue, le léopard n'est pas d'accord avec moi, il m'ennuie. Pardon Sa Majesté, punis-le. Le Lion déclara : le léopard est puni à 5 ans de silence. L'âne sauta et jubila de bon cœur et s'en alla son chemin. Le léopard accepta sa punition, néanmoins demanda le lion. Sa Majesté ! pourquoi m'avez-vous sanctionné ? Après tout, l'herbe est verte. Pourquoi donc cette punition ?

Le lion ricana de toute sa denture, prit son sérieux et dit : En fait, la question n'est pas de savoir si l'herbe est bleue ou verte !

Vous êtes puni parce qu'il est inadmissible pour une brave et intelligente créature que vous êtes de perdre son temps à discuter avec une telle insensée, « l'âne ». Et de surcroît avoir l'audace et le culot de venir me déranger ici à la cour du roi.

La perte du temps c'est de discuter avec un idiot qui ne se soucie pas de la vérité, mais seulement de la victoire de ses convictions et de ses illusions.

La sagesse tirée de ce conte est la suivante : Il y'a dans ce monde un genre d'individu, quelque soit l'évidence des preuves que leur sont présentées, ils n'ont pas la capacité de comprendre ou soit les autres qui sont aveuglés par leur égo, leur frustration, leur rancune. Tout ce qu'ils veulent, ce d'avoir raison même s'ils ne l'ont pas.

La deuxième sagesse est d'ordre culturel, en Afrique un chef de famille ou de clan sentant sa disparition imminente, il fait appel à une réunion soit du clan soit de la famille pour exprimer ses dernières volontés. Le chef choisi son successeur qu'il doit présenter aux autres, de l'autre côté il va en particulier s'entretenir avec son successeur pour les aléas, les symboles, la remise et reprise des secrets de l'institution, ici le clan ou la famille.

En ce jour du 10 septembre, il en était question, ici ce n'est pas la famille, ou le clan mais l'œuvre qu'il avait reçue du Seigneur Jésus-Christ : « les recommandations, les consignes, les directives pour la suite de la mission ».

Lui que l'on savait rechercher par les autorités pour son arrestation. Préparer cette masse pour les années à venir nécessitait un discours probant. Ce discours que beaucoup appelle « Prophéties de Mbanza-Nsanda » ; moi je dis plutôt « Oracles et Dispositions du Père Esprit Saint Tata KIMBANGU Simon de Mbanza-Nsanda » avec à la fin « Sa Prière Gouvernementale » du 10 septembre 1921.

Pour n'avoir pas bien compris la portée, la richesse, l'extravagance de la phrase célèbre, le dixit de Tata KIMBANGU à Mbanza-Nsanda, la Nouvelle Samarie, non-loin de la forêt de Mbuma.

Les autorités coloniales, les prêtres, les industriels, les politiques, la presse, les aventuriers de tout genre à la recherche du bonheur facile ont accusé Tata KIMBANGU de xénophobe, de thaumaturge, de sale raciste Noir, illuminé et consorts...

Au tribunal de Conseil de guerre de Thysville, une des questions posées par le juge unique De Rossi était de savoir : N'est-ce pas que vous avez dit que le Noir deviendra Blanc et le Blanc deviendra Noir ? Qu'est-ce que vous vouliez dire exactement ? Que cela signifia alors ?

Tata KIMBANGU répondit « Si », l'expression, l'assertion n'est pas à prendre à la littérale, en temps bien voulu, Dieu en a donnera la juste signification et la valeur précise.

Cette assertion a été prononcée en Kikongo, dans une contrée que le concept, le paradigme se marie très bien avec les réalités. Sa traduction, son analyse dans la plupart de cas a été une trahison pour sa meilleure compréhension. Les appréhensions, les mobiles, les raisonnements faussées des ethnologues, des sociologues, des théoriciens, des philosophes, des philologues de l'occident en mal des sensations et en proie d'exotisme, d'aventures se dirigeaient, se focalisaient toujours vers un triomphalisme du gagnant et du dominant.

En Annexe, nous avons la transcription des Oracles et des Dispositions Divines ainsi que de la Prière Gouvernementale de Tata KIMBANGU Simon dans sa langue maternelle, le Kikongo.

Le narratif Kongo est riche et subtil, pour n'avoir point élucider dans le fond de ces oracles et dispositions de Tata KIMBANGU Simon du 10 septembre, les sons du timbre de la voix sainte de celui-ci selon le contexte.

Si l'on prend seulement le dixit en Kikongo, « Ndombe Sikakituka Mundele, Mundele Sikakituka Ndombe ». Décortiquons chaque substantif de de cette expression :

Ndombe, le soleil intériorisé en faisant fi du nasale « N » on a « Dombe » en jouant avec les voyelles dans leurs valeurs de déterminants on aurait : « Ndomba » ou « Nlombo », Cumulo-Nimbus, épaisse masse nuageuse à base sombre et à sommet bourgeonnant déclenchant les averses, les orages ou la pluie ; « Ndombele », Celui qui demande ; « Ndombasi », Celui qui reçoit ; « Ndimba », Fonds, Ravin ; Vallée, en Bas ; « Ndumba », Jeune fille, Vierge, Prompt au mariage et sûrement donnera Naissance aux enfants, « Ndembi », Ciboulette comme Épices / Ingrédients de cuisine ; « Ndembo », Football ; « Ndemba », Village ; « Lomboloka », Arbuste de forêt tropical qui la saveur noire trop tâchant aux mains et aux habits, « Ndambalala » Sommeiller, dormir, l'on sommeille quand on est fatigué, quand l'on se réveille on récupère de la force, en sommeillant pour de bon c'est la mort, l'on croit à la résurrection. Le grain de blé sommeille pendant 21 jours sous la terre, une plante se régénère comme la résurrection pour une nouvelle vie en produisant beaucoup de grains, Et de ces grains on y produit de la farine, avec de la farine il y'a les pains. Le pain sans levain pour la sainte-cène ou pour la fête de pâque.

« Mbe » ; « Mba » ; « Mbi » ...Mbe Muini ! Eh bien vous avez vu ! ou Oh quel soleil, « Mbi », le mal, le mauvais, de la doute.

En lingala, langue de même famille ou proche de Kikongo l'on dit « Moyindo » l'on voit en filigrane « Moyi » pour Soleil / Lumière ; le soleil ou la lumière dans un corps terrestre et « Ndo » de, ou fils de, par exemple « Ndomanuele » fils de Manuel ou Don Manuel, Ndompetelo, fils de Pierre ou Don Pierre, tout comme « Nda » pour partir, continuer, « Nde », ensuite, la notion de suivre, d'évoluer, de mouvement.

« SikaKituka » en le subdivisant on a « Sika » et « Kituka » ; « Sika », Nouveau, « Suka », Fin, Terminus ; « Suki », Cheveux, Chevelures, « Suku », Chambre, « Seke » Défense, Cornes, Gravier, prudences avec les cornes, une défense, graviers fait mal aux pieds nus, marcher avec précautions. « Kusu » ; « Koush[1] » ou « Kusua », Intrôniser, Oindre, Oint, un rat comestible du Kongo, « Kisi », Médicament, Potion, Christ.

« Kituka » Devenir, « Kitoko », Beau. Belle, « Toko », Mâle, « Koto », Femelle, « Tuku », Source, Commencement.

« Mpembe » Blanc, Immaturité ; Expérimentation, « Mpemba », Hydroxyde de Calcium, lors des Cérémonies de Transformation / Croissance / Maturité (Kikumbi, Circoncision) ; l'initiation, la Transcendance, la tenue du Maître de Cérémonies, les Rites « Mpamba », Rien, Vide, Image du souffle de l'âme, ce qui n'a pas de vie, ce qui n'a pas de trône. « Nka-Dia-Mpemba », l'adversaire, Satan.

Voici en décomposant, en invertissant les voyelles en faisant les déclinaisons en amont tout comme en aval l'on trouve un méandre de concepts et de syllogismes pour ces trois substantifs. La richesse et la subtilité de la langue Kongo, l'on voit combien cette expression est si difficile à interpréter par la simple vision d'une simple traduction.

Comme toute traduction est une trahison, cette expression, ce dixit de Tata KIMBANGU a été trahie par plusieurs protagonistes selon les besoins de la cause voulue selon les agendas.

La sagesse Kongo enseigne que la culture d'un peuple est l'expression de l'âme de ce peuple, dont la langue est le véhicule principal. La culture d'un peuple englobe les valeurs morales de ce peuple, la vision du monde de ce peuple et les relations de ce peuple avec l'Être Suprême, le Seigneur Akongo, les génies (les anges) et les grands ancêtres de ce peuple.

C'est par la langue et la culture que doit débuter la réhabilitation psychologique de la race noire mondiale. La culture d'un peuple est l'expression de l'âme de ce peuple, sa langue est le véhicule principal pour

---

[1] Koush, Kouch, Cush, descendant d'Adam

exprimer ses atouts, ses aphorismes, sa jonglerie, ses secrets, us et coutumes, habitudes, mœurs et traditions.

La langue Kikongo est la langue-mère de tous les langues, idiomes et dialectes parlés en Afrique centrale depuis le Sud de l'Angola jusqu'au Gabon, en passant par le Congo-Brazzaville jusqu'aux confins de l'Équateur. L'Afrique australe aussi a un grand support dans la langue Kongo. Le mot « Zulu » est Kongo quand ils se disent peuple du ciel. « Zulu » égal Ciel en Kikongo.

Cette langue Bantu est la plus importante en Afrique centrale Ouest (Kongo Dia Ntotela), le plus vaste périmètre culturel. A ses côtés le Swahili qui, en Afrique centrale Est (Province orientale, Kivu, Katanga), comme langue la plus importante. Et enfin le Lingala qui est la langue la plus importante en Afrique centrale du Nord (Ubangi).

La langue Kikongo est le véhicule de la sagesse Kongo, donc du Bu Kongo, qui est la science divine incarnée dans la tradition négro-africaine. Pour n'avoir pas analyser dans le narratif et dans l'expressif le dixit de Tata KIMBANGU, les incompréhensions et les divagations ont planées.

Cette langue très riche, possède en elle toute la terminologie nécessaire pour exprimer la spiritualité, la divinité, les termes techniques, scientifiques, politiques et administratifs. La langue Kikongo est un grand trésor et une base des données pour les peuples de l'Afrique centrale et du monde entier.

Pour bien connaître la quintessence de la Philosophie Kongo et de la Spiritualité Négro-Africaine, la notion de l'Âme, de son Ombre, de l'Esprit, de l'Incarnation, de la Résurrection, de la Renaissance de l'homme, de l'Afrique et du Monde :

Dans la lutte pour l'émancipation du peuple congolais du joug colonial belge, Tata KIMBANGU est considéré comme le précurseur, c'est-à dire le Père des indépendances africaines. En effet, il fut le premier, dès 1921, à fustiger la politique coloniale belge avec un discours non-violent.

Il prôna l'égalité des droits devant la loi et suscita l'éveil de la conscience noire face à l'idéologie dominatrice du colon belge.

Pour les congolais de l'époque, Tata KIMBANGU Simon fut un « Ntumua [2] », un nationaliste. En revanche, pour les missionnaires et l'autorité coloniale, il fut un dangereux personnage qui incitait la population congolaise à la révolte, qui s'attaquait aux principes fondamentaux de la suprématie du colonisateur sur le colonisé, donc un homme à abattre

La popularité dont il jouissait auprès des Congolais ne pouvait plaire aux missionnaires catholiques et protestants qui voyaient leurs églises se vider au profit du village Nkamba devenu « la Jérusalem Nouvelle ». En effet, il s'attaquait aux missionnaires blancs qui utilisaient l'évangile avec le fouet pour asseoir leur domination, contrairement au message évangélique qui préconise la charité et l'égalité entre les hommes.

A l'égard de l'administration coloniale qui voyait en lui un élément subversif, il prédit la libération de l'homme noir sur le plan spirituel et physique, l'indépendance du Congo, et il ajouta qu'un jour l'homme blanc deviendra noir et l'homme noir deviendra blanc, ce qui signifiait que la colonisation prendra fin et que les Congolais prendront en main le destin de leur pays.

Une telle prise de conscience de l'infériorité imposée aux colonisés par le système colonial devait être neutralisée. Papa Simon KIMBANGU est le pionnier de la lutte pour l'indépendance du Congo et de l'Afrique. Il a ouvert une brèche dans l'édifice colonial belge et européenne par son discours nationaliste et non-violent qui a amené les Congolais à prendre conscience de leur état de dominés et d'exploités.

Papa Simon KIMBANGU, qui prédit Patrice Lumumba et les autres, comme canaux de contribution de l'indépendance du Congo à des degrés divers pour que la Belgique accepte l'indépendance du Congo à la date

---

[2] Ntumua = Envoyé, comme il le dit lui-même dans son discours du 10 septembre 1921

du 30 juin 1960, telle qu'écrit de sa propre main dans son bloc-notes, et l'Europe pour les autres colonies d'Afrique.

La véritable indépendance est spirituelle, comme le spirituel précède le matériel, il était impérieux à Tata KIMBANGU Simon de rester énigmatique sur ses oracles du 10 septembre 1921 pour lesquels nous décortiquons juste un pan de ses pensées à propos de ce dixit.

Raison aussi pour laquelle Tata KIMBANGU a dans ses oracles et déclarations du 17 août1922 devant les prêtres qui sont venus de Kisantu, dans le Kongo central revenu à insister sur la nécessité de la maturité spirituelle que doit avoir l'homme Noir pour accéder à cette indépendance spirituelle.

Dans l'histoire du Kongo, l'on a commencé avec l'indépendance matérielle pour aboutir enfin à celle qui sera spirituelle, le tout pour une indépendance totale. Ce processus se lit promptement dans la logique du dixit de Tata KIMBANGU Simon de Mbanza-Nsanda, (10 septembre 1921).

Pourquoi y'a-t 'il de l'incompréhension jusqu'à ce jour ? « La réponse simple est les voies de Dieu sont insondables » ; la logique de Dieu n'est pas celle des hommes. « Quelle profondeur dans la richesse, la sagesse et la science de Dieu ! Ses décisions sont insondables et impénétrables !» Romains XI,33

Le Kongo appartient à Papa KIMBANGU Simon, sa maison c'est l'Afrique, sa parcelle est le Congo-RD, sa chambre est Nkamba, Nouvelle Jérusalem.

Il faut de la reconnaissance des Congolais pour que le train de chose bouge et change. Dieu, Père-Saint est souverain, les cartes lui appartiennent, il veut la participation de ses créatures sans doute mais pas d'association de faux-dieux dans son Kongo d'abord, dans son Afrique au suivant et enfin dans le monde entier. Exode XX ; 3

L'éducation de l'Occident et de la Belgique en particulier a été bâtie sur les mensonges et de la diffamation. L'intoxication à s'ignorer soi-même, à renier ses ancêtres, à bafouer ses racines, à se mettre dans la peau de dominant tout en étant dominé selon le plan directeur du paternalisme suffocant.

Cette éducation laïque s'est maquillée de la quasi-spiritualité et de la théocratie nouvelle, où Dieu est retirée de l'institution et d'autres faux dieux sont installés pour l'inspiration.

Cette éducation est non seulement question de compétence et connaissances, mais une question de direction morale où il y'a des nouveaux mythes et de l'idolâtrie réveillée sans rationalité ni pensée critique.

Le bonheur facile miroité par les faux-dieux par le sacrifice des siens et de son milieu ambiant trouve beaucoup de places et d'adhérents, lorsque les politiques installées et instituées font les copies-collés des maîtres de l'Occident et de l'Orient.

Tout un système pourri, tout un carcan, toute une litanie des abus et des injonctions à la subordination érigée en de l'or qui brille, or tout ce qui brille n'est pas nécessairement de l'or.

Le capitalisme peut générer de la richesse, mais il ne peut créer de dieux. Tout au plus, cela peut créer des idoles, comme célébrités de la musique, du divertissement et du sport. Mais même la simple idolâtrie, malgré sa popularité, ne vient avec la justice.

Le contrôle de dieux conduit au contrôle de tout l'argent, ceux qui contrôle façonnent les icônes et les idoles. L'argent en tant qu'argent manque de sainteté, il n'achète pas l'amour encore moins un vrai respect, une véritable amitié, une loyauté profonde, une élévation mais plutôt une obéissance flatteuse, une gloire mondaine, un succès de paille et de la sensation de consommateur, des déracinés et d'âmes vides. Pour avoir trop investie dans le matérialisme, l'Occident est entré dans l'âge de l'intérêt matériel, du conformisme moral, de la tyrannie de la majorité et de la standardisation industrielle. Il y'a trop de voleurs dans le temple ; la civilisation occidentale est malade et mourante. Est-elle prête pour changer ou est-il trop tard pour une délivrance ?

Il est certes vrai que dans les temps immémoriaux être Noir impliquait être systématiquement drapé par une indifférence discriminatoire que le regard des autres chargeaient de dérisions et reléguaient à l'arrière-plan, pour ne plus vivre que dans l'ombre envahissante d'une colonisation et d'un esclavagisme qui annihilaient tous les critères d'une identité noire propre.

Aujourd'hui encore, de manière sournoise et plus subtile, les inégalités perpétuelles font des Noirs des pathétiques victimes qu'on appliquent à ignorer royalement. Le comble est que les descendants des esclaves se sont laissé berner par l'image destructive de l'esclavagisme en croyant que ces Noirs, environ près de 15 millions, tous qui ont été amenés aux confins de la terre étaient tous des abrutis, des ignares.

En réalité qu'il soit en Amérique ou dans les Caraïbes, bon nombres des inventeurs et des grandes découvertes qui s'y trouvaient et s'y faisaient étaient l'œuvre des Noirs à l'origine. Raison pour laquelle des lois inhumaines, des textes ont été votés sur la déposition des brevets d'invention qu'aux citoyens d'une nation, d'un pays comme un contrat.

Et l'esclave n'a jamais été considéré comme citoyen d'une nation ou d'un pays, encore moins comme une personne, mais un bien de consommation et un outil de travail, le tour est joué.

Quand vous utilisez votre ordinateur, votre tablette, votre GPS système, sachez que ce sont des Noirs qui ont été à la base des algorithmes qui font fonctionner ces machines. Mais personne ne vous le communiquera tout simplement, juste silence radio ! Trois pyramides construites en Afrique, ça prouve assez que les mathématiques sont africaines, les tresses africaines sont des mathématiques fractales. Les tresses rasta, un encodage minutieux et sérieux dans la grandeur et dans la simplicité.

Il est certes impossible de changer le passé, mais on peut soit gagner ou perdre son avenir. Ce dans cette logique la compréhension du dixit de Tata KIMBANGU Simon du 10 septembre 1921 à Mbanza-Nsanda et du 17 août 1922 à Elisabethville est crée toute une mer des aboiements de critiques et un océan de chuchotement d'imprécisions.

La vie et la vérité continuent leurs chemins dans la sérénité. Le temps qui est notre monnaie et notre juge est le bien le plus précieux que nous avons dans cette vie. Quel que soit notre richesse ou notre intelligence, plus encore la rapidité ou la lenteur nous ne pourrions jamais contrôler le temps à notre guise et à notre manière. Nous n'y pouvons que s'y accommoder.

LE LOGO OFFICIEL DU CENTENAIRE DU KIMBANGUISME

PRESENTÉ AU CENTRE D'ACCUEIL DE KINSHASA -
- KASA VUBU, le 31 MARS 2021 par LE CHEF
SPIRITUEL et RÉPRESENTANT LÉGAL,
SA DIVINITÉ SIMON KIMBANGU KIANGANI

5. 102 ANS DÉJÀ QUE LE DIXIT A ÉTÉ LIBÉRÉ

Il y'a cent et deux ans, sur base d'une injustice séculaire naissait un mouvement du fin fond de la province du Kongo Central, du district des Cataractes, du secteur de Ntimansi, du terroir de Nkamba, déclaré Nouvelle Jérusalem par Christ à son Père, l'Envoyé Spécial, le Saint-Esprit, papa KIMBANGU Simon à l'aube du 05 Avril 1921.

Selon Tata Kimbangu, un jour l'homme blanc deviendra noir et l'homme noir deviendra blanc, ce qui signifierait la libération spirituelle et physique de l'homme noir, l'indépendance du Congo et la reconstitution de l'empire Kongo. Cette prophétie a suscité la méfiance des autorités coloniales belges, qui ont arrêté Tata KIMBANGU en 1921.

Avant d'aller dans le vif su sujet, nous voulons expliquer le symbolisme du nombre 100, son interprétation et sa signification cachée sur le plan physique, chronologique, spirituel, ésotérique et analogique

Le nombre 100 recèle un symbolisme riche, en lien étroit avec le chiffre 10, dans ce sens-là, il évoque :

-   La complétude
-   L'intégrité
-   La perfection cosmique
-   L'homme éveillé
-   Le retour à l'unité

Le nombre 100 est composé de deux chiffres, du 0 et de 1 qui forment le premier couple cosmique. Le 0 vu comme source de tout, la volonté créatrice et le 1 représente le monde crée, manifesté ; le tout est harmonieux et cohérent. Tout comme le chiffre 10, 100 évoque un aboutissement, la fin d'un cycle, le pourcentage le plus élevé, le score parfait, le maximum, la fin du siècle, le centenaire, le centuple de la Bible.

Matthieu XIX, 29 dit : « Et quiconque aura quitté, à cause de mon nom, ses frères, ou ses sœurs, ou son père, ou sa mère, ou sa femme, ou ses enfants, ou ses terres, ou ses maisons, recevra le centuple et héritera la vie éternelle »

Le chiffre 100 est aussi vu comme un seuil, un point de passage, le nombre 101 symbolisant l'entrée dans un nouveau cycle avec soit un risque, un déséquilibre ou bien un changement des paradigmes, le 102 le salon, là ou l'on mange, l'on reçoit, l'on discute, l'on négocie, l'on fait soit des concessions soit l'on gagne la partie, le rapport entre l'unité et la quantité, le ralliement 1, 10, 100, 1000 ainsi de suite.

Le microcosme et le macrocosme, Un-le-tout mu par la grande loi d'amour. Le 100 serait la matière déployée en tant que 10^2, 100 assimilable au carré symbolisant la perfection matérielle s'ouvrant sur une infinité de monde possibles.

100 est donc l'expression d'une multiplication, d'une répétition sans dilution, ou d'une hiérarchie. 100, 1000, 1000.000 est toujours 1 signe d'une unité toujours présente, expression de la loi incontournable, il nous permet de naviguer entre individualité et intégralité, entre dualité et unité, il nous rattache chaque microcosme au grand Tout, nous permettant de voyager dans le monde, de naviguer entre esprit et matière sans perdre le sens de l'existence. I

L'intention divine à la fois évolution et involution (10x10), éclairage plus complet des lois, l'unité 1, la dualité 2 et l'harmonie 3, le point, la ligne et le plan. 3 chiffres en ligne.

102 qui se réduit en 12 qui égal à trois et qui constitue l'année 2023 de ce cycle, 3, 5,15 énoncé déjà par Papa Diangienda, le nouveau départ pour l'Afrique dans tout le domaine. Nous devons retrousser nos manches dans le travail en libérant le génie Africain sommeillant en nous et qui pendant des siècles a profité aux autres. La canalisation de ces génies, de ces énergies, de ses talents, de ces étoiles, de ces esprits supérieurs doit se coordonner dans le Grand Esprit KIMBANGU.

Le un, le deux qui s'ajoutent à la centaine ne fait que confirmer et accentuer la succession dans une logique double, celui de la progression vers les hauteurs et celle de la régression vers le zéro de Dieu.

Les années nous le comptons en mode supérieur, nous disons j'ai vingt ans aujourd'hui, dans cinq ans, j'aurai vingt-cinq ans. Dans la logique de Dieu, 25 ans sont déjà soutirés de ce que vous avez comme temps à vivre ou à passer sur cette surface terre pour la mission pour laquelle vous êtes venu.

Le comptage à rebours a déjà commencé dès cette année 2023, le chiffre 7, 7 vaches grasses et 7 vaches maigres selon le rêve du Pharaon, à son intendant Joseph dans Genèse XLI ; 17-28

14 ans de plus à 2023 nous fera 2037, le 150 ans de Tata KIMBANGU Simon, compte tenu de sa naissance en 1887 ; 150.000 martyrs tués pour son prêche, son œuvre et son action. 150 ans est le temps de la justice de Dieu, en raison de 1000 âmes par année pour ses déportés.

Pose de la 1ière Pierre pour le Mémorial des Déportés, 12.09.2023 Nkamba

De l'autre côté 1 jour vaut 1000 ans pour Dieu, en ce temps des festivités du 12 septembre 2023, le 136ième année de la célébration de sa naissance (1887-2023), ce 12.09.2023 il a été posé par Sa Divinité Simon KIMBANGU Kiangani, Représentant Légal, et Chef Spirituel de l'Église Kimbanguiste à Nkamba, la première pierre de construction du « Mémorial » dédié aux déportés, aux relégués, aux arrêtés qu'on appelle communément « Nkole » en Kikongo.

L'association dans laquelle ils sont regroupés s'appelle « FAREKI », Familles des Relégués et Arrêtés Kimbanguistes. Papa Kisolokele Lukelo Charles Daniel, Fils Ainé et Compagnon de lutte de Tata KIMBANGU Simon est le premier des relégués à l'âge de 7 ans. La décision du Conseil de Guerre, à la suite du verdict du jugement du 03 octobre 1921 prononcé par le juge unique De Rossi, pour l'affaire « KIMBANGU & compagnies ».

37.000 familles qu'est le symbole du nombre de famille selon la culture africaine correspond au nombre de place et de personne que le Temple de Nkamba peut contenir sur ces 100 mètres de longueur contre 50 mètres de largeur ; un autre 150 (100 m+50 m) ; très significatif comme nombre.

Il est resté 30 ans en prison, sa famille est composée de cinq personnes. Sa famille comme cellule de base a dû supporter la multiplication de 30 ans pour chacun d'eux, c'est-à-dire 30 ans x 5 = 150 ans pour la justice de tous les Kimbanguistes, de la nation congolaise et du continent Afrique. Le plus vieux prisonnier d'opinion qui s'avère être le Père Esprit-Saint.

150 est la période de changement qui est soutenu par l'amour de Dieu. La voie à des nouvelles énergies positives, des projets de l'originalité, de la créativité, de l'inspiration et de l'intuition.

1, Nouveaux Départs, Intuition, Progrès, Motivation, Inspiration

5, Influence de Prise de Décision, Adaptabilité, Idéalisme, Polyvalence

0, Aspects Spirituels, Flux Continus, Plénitude, Universalité, Force de Dieu.

« Ton Dieu te donnera la Supériorité sur Toutes les Nations de la Terre, Si tu Obéis à la Voix de l'Eternel, Ton Dieu, en Observant et en Mettant en Pratique tous Ses Commandements que je te Prescris Aujourd'hui. »

Lévitique 12

6. LA FORCE DU DIXIT DE TATA SIMON KIMBANGU

Si vous partez de 1921, l'année du commencement de l'œuvre de papa Simon KIMBANGU, vous remarquerez que deux mois à peine après le miracle de Nkamba, il alla se réfugier pour les trois mois restants avant son arrestation à « Mbanza- Nsanda », la Nouvelle Samarie du Kongo. Sillonnant les villages en boucle et prédilections pour apporter la sève de Nkamba dans le fonds du Kongo Central.

Sincèrement la force est bâtie et assise sur de bonnes bases, cette succession des faits, actions et péripéties n'est pas fortuite, encore moins un conte des fées. Pour garder le vif du message il bénit un étang à Mbanza-Nsanda pour servir d'eau de purification comme il était question de l'étang de Nkamba, « Mpumbu ou Sima ». Ceci pendant son séjour de trois mois dans ce secteur de Lunzadi.

Quand il quittait Mbanza-Nsanda, il retira cette propriété d'eau bénite provisoire, pour qu'il en reste qu'un, celui de Nkamba, question de conformité et des prémices.

Chaque période durant ces cent ans, des personnes avisées, des élites aguerris, des ambassadeurs de Dieu ont par leurs propres mains, leurs labeurs, leurs savoirs, leurs décisions, leurs clairvoyances pris des défis, des concours colossaux pour trouver des solutions, des approches pour contourner les desseins de l'ennemi qui voulait clouer pour toujours cette génération des promesses, la quatrième. Dieu nous aidant en tous et tout.

L'impact du Kimbanguisme est cette dynamique spirituelle et naturelle qui s'est investie dans la conservation du patrimoine de Dieu que nous avons acquis, la conservation des valeurs de la nature et de la transformation de la société humaine basé sur la créativité divine, la matrice première. Ce produit « Kimbanguisme » se régénère dans le temps, dans l'espace, dans le naturel et le surnaturel pour asseoir sa technologie qui est consciente, propre, sobre et écologique. L'homme, cette valeur qui est la symbiose de la terre nature, de l'étoile de vie et du feu divin pour aboutir au dessein de la Trinité, Père, Fils et Saint-Esprit dans sa trilogie « Amour, Œuvres et Préceptes ».

Tout se fonde sur des principes directeurs, des lois, de l'éthique et de la volonté de vivre de cette expérience dans la foi à se surpasser. Ce projet de société est véridique et pluridimensionnel, car papa KIMBANGU Simon, la source première de l'énergie nous a confié ¾ de ce savoir avec juste une condition « Connais-toi, toi-même ».

Celui qui se connait soi-même respecte les commandements de Dieu, il se respecte et respecte les autres. De l'amour à donner facilement que de s'attendre de la pitié, un moral de travail juste et digne dans la foi, dans l'humanisme et dans la projection.

La non-violence, la patience, la saveur de l'espoir de savoir qu'une faute commise, une bavure devant le Très-Haut ne s'absout pas que par la volonté de celui par qui l'on détient cette enfreinte dans son calendrier qu'il faut respecter.

La force tranquille se nourrit des épreuves, des sacrifices pour se préparer à l'aspiration de grandeur, une foi dont la beauté est grande et merveilleuse pour un sens élevé de la justice et de l'équité, un amour de la liberté des hommes et des biens en la reconnaissance de celui-ci (Tata KIMBANGU), de sa famille et de ceux qui nous ont précédé pour l'aurore du Kimbanguisme qui est aujourd'hui le flambeau et le drapeau de la lutte pacifique contre les gens des ténèbres qui sont venus nous coloniser et nous amoindrir pour le confort, le matériel et le pouvoir terrestre avec ses complices qu'ils soient africaines, européennes, asiatiques ou autres terrestres ou extraterrestres, physiques ou morales, positives ou négatives.

Notre trésor est immatériel, car nous nous sommes dépouillés de nos avoirs et de nos biens pour chercher le royaume de Dieu, que le Père Esprit-Saint est venu instaurer avec ces « Trois Vaillants Soldats » de l'univers accompagné de la Mère Internationale, la garante des institutions et des armoiries du Kimbanguisme, maman Muilu Kiawanga Nzitani Marie.

Ces trois vaillants soldats se sont comportés en simple Messieurs, bien qu'ils soient le Père, le Fils et le Saint-Esprit : ils ont mangé avec nous, nous les avons vêtue, ils nous ont laissé de la descendance, ils se sont réintroduits dans ceux qu'ils ont choisi des meilleurs parmi leurs descendances pour confirmer les paroles saintes qui disent : « Il sera avec nous tous le jour jusqu'à la fin de ce monde » Matthieu XXVIII ; 20

Nous avons cherché d'abord le royaume de Dieu et la justice, maintenant tout nous sera donné par surcroît telle que les saintes écritures nous le suggèrent dans les évangiles Matthieu VI ; 33

Ceux qui sont venus des autres horizons savaient que Dieu leur avait dit qu'il était venu en Afrique. Ils sont venus le chercher, comme les intentions avec lesquelles ils sont venues étaient mesquines, ils se sont arrachés à déraciner les autochtones, à appliquer le métissage, l'esclavagisme, les génocides ainsi que toutes sortes d'expériences macabres de Biologie, de Génétique, de Pharmacologie, de Médecine pour prendre le contrôle et la domination. Mais l'Eternel Dieu était toujours au contrôle, comme il est écrit : « Si l'Eternel n'y était par-là pour nous protéger, nous serions exterminés » Psaumes CXXIV ; 2- 3 :

« Si l'Eternel n'avait pas été pour nous lorsque des hommes sont venus nous attaquer, ils nous auraient engloutis vivants quand leur colère s'est enflammée »

Notre maison « le Kimbanguisme » a été bâtie par l'Éternel, Tata KIMBANGU Simon, il est pour nous un refuge et un appui, un secours qui ne manque jamais

L'école de base du Kimbanguisme doit remplir la jeunesse de vigueur pour apprendre les bases réformées de notre propre système scolaire en annihilant des inutilés et les absurdités que l'Europe nous a berné de centaines d'années avec.

Cette école ouvrira la boîte au Pandore sur :

- La Véritable Histoire de l'Afrique
- L'Histoire Cachée des Indépendances Africaines
- Le Rôle Omniprésent de Tata KIMBANGU Simon dans toute ses Qualités
- Les Grands Hommes Africains dans Toute Ses Diversités
- Les Techniques Ancestrales Renouées
- La Spiritualité Africaine dans Toute sa Totalité
- La Renaissance Africaine
- Les Voleurs d'Hier et d'Aujourd'hui
- Les Principes Divins des Inventions
- La Promotion du Mandombe et du Kikongo
- Le Remplacement de Dieu en action sur l'homme
- Les Génies, les Énergies et les Talents
- Les Faussetés Enseignées en Théorèmes Directrices
- ¾ Des Inventions Divines et Saintes
- L'Ouverture des Dimensions Inexistantes du Savoir

L'heure est arrivée pour la main de Dieu sur les inventions et les découvertes, tout ce qui sont de la main des hommes plein de sang, de la sève du malin, de la matrice des démons de l'espace, de l'air et des abysses sera disjonctée par la force de Tata KIMBANGU Simon. Cette opération se résume dans le dixit de ce dernier, un Grand Changement dans l'Être, dans l'Avoir, dans le Pourvoir et dans le Pouvoir naturel et surnaturel. L'illusion en déllusion sera close pour le vrai et le véritable.

« Le Saint-Esprit à l'œuvre c'est l'Atout Majeur... Tous les Peuples verront que tu es appelé du Nom de l'Eternel, et ils te Craindront »

Deutéronome 28 :10

7. LA PUISSANCE DU DIXIT DE TATA SIMON KIMBANGU

Dieu a depuis toujours et avant la création du monde, de l'homme, de ce qui existe, inanimé, animé prévu un plan directeur de la succession des choses et des événements, le plan de Dieu.

Cette intelligence supérieure avait ses garde-fous, ses soupapes de sécurité et ses secrets qu'aucune simple créature autre pourriez concurrencer, annihiler ou influencer.

Satan qui est devenu le diable en raison de sa subordination, de ses attributs et de sa fonction de proximité avec Dieu, croyait connaître tout ce qui concernait la divinité. Un chef reste un chef, un chef quel que soit sa gentillesse, son amitié, sa simplicité reste toujours chef, l'autorité des pouvoirs.

Ce principe est le même pour Dieu, qui est l'intelligence suprême. Satan qui se vantait de ses attributs, de sa classe, de sa constitution, de ses pouvoirs voulait usurper la position.

Le fait qu'il aille à sa position le commandement des anges, qui sont au service de l'Eternel, le Père Esprit-Saint lui proférait une certaine parole, mais cette parole, ce commandement-là n'était pas créatrice.

Cette parole était celle de responsabilité qui ne se marie qu'avec de l'obéissance. Satan a associé sa parole avec de la désobéissance. Par conséquent elle est devenue arrogante, envieuse et compétitive. Cet orgueil n'avait pas assisse dans le ciel de Dieu.

La parole créatrice était déjà dès au commencement, il est avec Dieu, il est pour Dieu et il est par Dieu et il est Dieu. C'est le Fils, Jésus-Christ qui bien que Dieu ne se soit pas gonflé en s'appelant Dieu, mais en se diminuant pour faire la gloire du Père.

Raison pour laquelle dans le plan de Dieu, il a accepté de porter les péchés du monde pour le salut de l'humanité. L'image de cette figure s'est réalisée dans le désert, quand Moïse levait le serpent perché sur le bois afin que les israélites aillent la vie sauve.

De même la puissance de l'Esprit se trouvait dans tous les actions, en nature et en espèces. Au commencement il planait à la surface des eaux, il mouvait par son omniprésence, par son omnipotence et par son omniscience.

Dieu est Un, Dieu est Trois dans son mystère de la divinité, la première étape d'envie, d'arrogance, d'orgueil se retractée quand les subordonnés de Satan-Lucifer lui arrogèrent à respecter le Père Esprit-Saint en y allant au Fils pour allégeance, respect et soumission.

Lorsque le Fils, Jésus-Christ pour une autre raison signifia à Lucifer, que ce ressort de chose, d'événement, de décision était l'apanage du Saint-Esprit qu'il doit aller voir en personne. Son courroux explosa en rébellion. Pas d'allégeance, pas de soumission, non plus d'obéissance et du respect.

Comme dans le ciel il ne peut y avoir une rébellion, ceux qui ont fait allégeance à Satan, ceux qui sont restés neutres pour attendre la colère ou la solution de Dieu Père Esprit-Saint sur cet état de chose ont été précipités dans la terre selon que le livre des révélations nous le dit : Apocalypse XII ; 12

« Malheur à la terre et à la mer ! car le diable est descendu vers vous, animé d'une grande colère, sachant qu'il a peu de temps. »

En quoi cet énoncé nous concerne ici, lorsque l'on parle du dixit de Tata KIMBANGU ? « Noir deviendra Blanc et Blanc deviendra Noir » !

39

L'histoire de l'Occident, l'histoire du soi-disant progrès, l'époque de la modernité des 500 dernières années s'ouvre sous un jour complètement nouveau. Il s'avère que l'Occident a rejeté Dieu, a dit : il n'y a ni Dieu ni diable, et le diable, comme après un certain temps, a objecté : il n'y a pas de Dieu, mais c'est moi, parce que c'est moi qui vous ai dit qu'il n'y avait pas de Dieu.

Si l'on considère l'année 1492 comme l'année du basculement du monde selon l'histoire faussée de la division du monde en deux, l'une portugaise et l'autre espagnole, la découverte des Amériques par Christophe Colomb et l'embouchure du fleuve Congo par Diego Câo, l'on comprend bien ce que l'Occident collectif a fait endurer aux autres que l'on considère sous-hommes par eux, selon leurs définitions.

Le dixit de Tata KIMBANGU Simon dans son essence voulait dire, la composition qui est le positif du bien devait reprendre sa vie face contre la décomposition, l'apanage des vices et du mal qui contrôle le monde. L'ordre doit primer sur le désordre, Dieu étant l'ordre et Satan le désordre. La tradition divine de la hiérarchie contre la rébellion, domaine de Satan. Briser le désordre institué de Satan pour reconstruire l'ordre divin.

S'il y a Dieu, s'il y a la foi et l'Église, la Tradition et les valeurs traditionnelles, cela signifie qu'il y a aussi l'antithèse de Dieu, Satan celui qui s'est rebellé contre Dieu.

L'esprit céleste éternel, Satan, Lucifer, la première création suprême de Dieu qui s'est rebellée contre Dieu. C'est l'origine de toutes les attaques contre Dieu, du matérialisme, de l'athéisme, de toutes les notions selon lesquelles des personnes sans Dieu peuvent construire un monde meilleur.

Nous retrouvons ce principe dans l'humanisme, dans le développement de la science moderne et dans la doctrine sociale du progrès. Satan n'est pas seulement la destruction ou l'entropie, mais une volonté consciente de détruire.

La destruction de l'unité au nom du triomphe de la multiplicité dans leurs célèbres formules : « Diviser les uns et les autres pour mieux Régner » c'est-à-dire la thèse et l'antithèse, Ordo ab Cao, l'esprit et la volonté de se décomposer. Ceci engendre non pas seulement la décadence mais aussi le refus de construire l'ordre, la hiérarchie, d'élever les principes de la science, de l'esprit, de la pensée, de la culture à l'unité la plus élevée.

La hiérarchie terrestre imite le rang angélique. À ce refus de faire le bien s'ajoute la volonté de faire quelque chose de directement opposé, de faire le mal. Quand on regarde les autorités occidentales, on voit une volonté de destruction active et agressive.

Le satanisme, qu'il génère en système présuppose nécessairement une stratégie consciente et une impulsion volontaire qui génère un mouvement puissant des masses humaines vers l'anéantissement, la destruction, les souffrances pour les vices de ces dernières.

L'utilisation des énergies de la masse par la stupidité, la passivité, l'inertie et la destruction pour le chaos organisé en système des valeurs qui s'accroîtront dans l'innovation des vices.

Tata KIMBANGU Simon dans son dixit du 10 septembre 1921 relayé le 17 janvier 1922 voulait nous prévenir de la densité du changement drastique que la lumière qu'il a apportée, sera brouillée par le bouleversement des œuvres des ténèbres au Kongo et dans le monde. ... « Car les gens diront depuis toujours nous vivons toujours comme ça, depuis que Tata KIMBANGU est parti, qu'est-ce qui a changé, les polygames reprendront leurs épouses, les danses lincencieuses reprendront, les fétiches réapparaîtront, les évolués fuiront là où l'on parle du royaume de Dieu, de peur de se repentir, les orgueilleux se moqueront des chrétiens, de l'Église du Christ rien que la prononciation du Nom de Tata KIMBANGU sera pour beaucoup une aberration, comme s'il venait de voir le diable, leurs cheveux et leurs dents seront émoussés.» ; Mais enfin la Puissance de celui que Nzambi-A-Mpungu Tulendo a envoyé sévira, Sa Gloire resplendira partout pour ses élus et la damnation des impies à l'œil nu.

41

« Je serai avec vous tous les jours, jusqu'à la fin du monde »

Matthieu XXVII, 20

« Et Moi, je prierai le Père et il vous donnera Un autre Consolateur, afin qu'il demeure éternellement avec vous »   Jean XIV, 21

8. LE VRAI FOND DU DIXIT DE TATA SIMON KIMBANGU

Le vrai fond du dixit de Tata KIMBANGU Simon est la fin de la dualité que le monde s'est imposé en systèmes, en actions, en politique et dans tous les aspects de la vie.

La dualité que fait fonctionner le monde, c'est quoi ? Le bien et le mal ; le bon et le mauvais, le pouvoir et l'opposition, la thèse et l'antithèse, le positif et le négatif, les alignés et les non-alignés, le béni et le maudit, Esaü et Jacob, la domination et l'assujettissement, Abel et Caïn, la vie et la mort, la logique et l'illogique, le noir et le blanc, le petit et le grand, etc...

L'humanité a perdu la capacité de reconnaitre le mal et de l'appeler par son nom. Il ne s'agit pas d'une différence d'opinion, le mal est là pour détruire tout ce qui est bon, y compris vous et tout ce qui vous est cher. Une organisation mauvaise généralisée qui accueille ceux qui veulent un siège à la table en vendant leurs âmes en entrant dans le cercle des mystiques avec les dénominations diverses, subdivisé en grade ou échelons pour servir des exécutants utiles du programme.

Ces indispensables serviteurs, ces serviles agents utilisent ce qu'ils appellent démocratie, comme une farce pour contrôler les masses populaires, ceux du média étouffent l'information cruciale et les courants de pensée en marge des tendances officielles.

Ils divertissent le public avec des futilités des formats, des émissions, des séries afin de détourner leur attention de ce qui se passe réellement tout en le rendant bêtes, abrutis et dépendants.

L'Afrique en sa qualité de mère du monde ressemble à une stérile, à une veuve que des manœuvres sordides ont appauvrie, réduite en spectatrice dans le podium où défilent ses richesses et ses honneurs.

La convoitise des autres continents sont à la base de ses malheurs qui terrorise ses terres, ses foyers au jour le jour en apportant une distraction macabre des guerres fratricides, des génocides rapides, des massacres.

Le dixit de Tata KIMBANGU Simon donne du courage à l'Afrique pour une conscience collective afin de récupérer leur identité qu'ils ont perdu par l'esclavagisme, la traite triangulaire, la colonisation, la néo-colonisation et tout le « ISME » que nous connaissons.

Pour mieux se faire comprendre, nous ne refaisons pas l'histoire mais nous voulons expliquer cette histoire pour élucider cette dualité qui a élu domicile dans le giron de changements.

Toute l'histoire de l'Amérique est l'histoire d'hommes blancs riches disant aux blancs non riches que leurs ennemis sont noirs et bruns, cela commence dans les colonies de ce qui allait devenir les États-Unis.

Rappelons-nous que pendant la période coloniale du milieu des années 1600, il n'y avait pas de blancs. Je sais que certaines personnes qui sont maintenant appelées blanches trouvent cela choquant parce qu'elles pensent que la blancheur est vraiment juste, d'office réelle mais la blancheur a été créée.

Les Européens ne se disaient pas blancs, ils ne s'appelaient pas blancs, ils n'étaient pas tous membres d'une grande famille heureuse, l'histoire de l'Europe consistait à s'entretuer, c'est ce qu'ils faisaient en Europe, ils étaient juste en train de s'entretuer avant de comprendre qu'il y avait d'autres personnes aussi dans le monde.

Les Anglais détestaient les Irlandais, les Italiens du Nord ne pensaient même pas que les Italiens du Sud étaient Italiens et compatriotes, les Allemands détestaient tout le monde et tout le monde détestait leur orgueil. Les Français détestaient les Anglais, les Néerlandais détestaient les Belges.

Il n'y avait pas d'équipe appelée blanche, pas de race appelée blanche mais soudain au milieu des années 1600 il y en avait.

Pourquoi était-il soudainement nécessaire de créer cette chose appelée la race blanche ? Parce que les gens riches voulaient garder leurs emprises sur les pauvres, il fallait chercher les serviles par lesquels ils devaient compter sur.

C'est pourquoi les si riches ont regardé autour de ceux qui possédaient toutes les terres que vous connaissez et les colonies. L'élite coloniale a regardée autour d'eux et ils ont réalisé quelque chose qu'ils étaient largement dépassés en nombre par les Africains.

Les Africains étaient des personnes à abattre, comme ils étaient nombreux, de teint sombre et mât, il fallait les opposer aux claires, c'est-à-dire il fallait faire une échelle, une ascendance du plus grand nombre au plus petit, bien sûr à la tête, au sommet de la pyramide eux les élites.

Au-dessus de l'esclave, des gardes et d'autres Européens qui n'étaient pas techniquement des serviteurs sous contrat mais encore des paysans qui n'avaient pas d'argent et encore moins pas de terre en possession. Ils pouvaient faire le calcul, ils additionnaient et ils étaient comme nous, nous devons trouver un moyen de séparer ces gens les uns des autres, sinon ils vont se lever contre nous et prendre nos affaires correctement.

Au bout d'un moment, ces Noirs qui étaient des esclaves africains et ces Blancs qui étaient pauvres (les Européens)vont se rendre compte qu'ils sont tous bernés par ces gens riches, alors en fin de compte, les riches doivent trouver un moyen d'avoir quelqu'un dans ce groupe dans leur équipe, la chose la plus simple est de bien faire les pauvres Européens parce qu'au moins ils leurs ressemblent, ils partagent en quelque sorte certaines coutumes et de la culture, alors ils créent tout d'un coup cette chose appelée blancheur.

Et ils disent maintenant que vous faites partie du club maintenant nous allons vous laisser témoigner devant le tribunal, conclure des contrats, votez au moins si vous êtes un homme possédant un peu de terre au moins si vous êtes un homme droit.

Nous allons-nous débarrasser de la servitude sous contrat, pas plus de cela parce que vous êtes trop bon et nous allons prendre les hommes blancs maintenant appelés hommes blancs et les mettre pour patrouiller les esclaves Noirs.

La patrouille d'esclaves pour garder les Noirs en ligne. Aux blancs (les gardes) on leur donna un cheval, un fusil et un badge et les faire se sentir grands et puissants. Ils sont toujours pauvres, ils n'ont toujours rien et ils ne sont pas bien payés.

La patrouille des esclaves juste exploite les uns et utilise les autres comme tampon entre l'élite et les autres pauvres, en particulier les pauvres de couleur, les esclaves serviles.

Et très vite, les rébellions qui se produisaient occasionnellement où les Noirs et les Blancs se réunissaient pour renverser l'élite ont commencé à s'estomper, parce que diviser pour régner avait commencé à fonctionner correctement.

Vous pourriez monter les gens les uns contre les autres en disant à ces pauvres Blancs qu'ils doivent garder ces Noirs dans le droit chemin et que diviser pour mieux régner soit initié dans les colonies, où les riches hommes blancs disaient pas aux Blancs pauvres que leurs ennemis sont Noirs et Bruns.

À l'époque de la guerre civile en Amérique dans le Sud, l'élite de cette partie du pays avait annoncé que la raison pour laquelle ils voulaient rompre avec l'union, nos frères et sœurs du Nord ont des propriétés, nous au Sud, notre propriété ce sont d'autres êtres humains, mais vous-là, vous êtes pauvres et vous ne possédez pas d'esclaves pourquoi diable irez-vous vous battre pour protéger notre richesse ? Moi, je suis une personne riche, je ne veux pas combattre, je ne peux pas combattre, mon fric si...

Les riches ne vont pas à la guerre, les riches obtiennent des pauvres d'aller à la guerre pour eux, que ce soit en 1860 ; que ce soit dans les années 1960, que ce soit aujourd'hui, les riches demandent aux médecins d'écrire des notes d'exemption, des certificats pour eux qui disent qu'ils ont des éperons de talon, des handicaps et c'est pourquoi ils ne peuvent pas aller en guerre.

Pourquoi nous riches devons aller à la guerre ? Envoyer les enfants de pauvres pour faire ça pour nous s'il vous plaît ! C'est une tradition de longue date, les riches doivent trouver un moyen de convaincre les pauvres d'aller se battre pour eux, mais c'est une chose difficile qui est comme un droit de vente difficile.

Comment ? Et Pourquoi les pauvres iraient-ils se battre pour protéger les droits de propriété des riches, lorsqu'ils ne possèdent rien ?

La seule façon de le faire, c'est si cette personne riche vient vous voir et vous dit : « écoutez, vous devez aller vous battre parce que nous devons maintenir notre mode de vie parce que si ces gens sont libres, ils vont prendre vos emplois »

Pas idiot même, ils ont déjà votre travail, c'est comme ça que ça fonctionne bien parce que si je suis blanc et que je dois vous facturer un dollar par jour pour travailler à la ferme, mais je peux amener une personne noire à le faire pour rien parce que je la possède. Devinez quoi ? Celui qui a obtenu le travail gratuitement a eu raison, donc dans un sens, les pauvres Blancs auraient mieux fait de se joindre aux Noirs pour renverser le système esclavagiste pour qu'il augmente le plancher salarial de tous les travailleurs, mais ils se sont fait prendre, ils ont été trompés par de riches hommes blancs leur disant que leurs ennemis étaient noirs et bruns.

Dans les années 1930, les dirigeants syndicaux blancs, qui ne sont même pas l'élite, mais l'élite au sein du mouvement ouvrier étaient tombés en avant à ce stade, alors que les ouvriers blancs ne voulaient pas intégrer leurs syndicats, ils disaient des choses comme si nous ne pouvions pas avoir de Noirs, de Mexicains et de Chinois dans nos syndicats parce que si nous faisons cela, ça réduirait le professionnalisme de notre métier.

Nous devons maintenir l'intégrité de notre profession, pas dupe, vous avez besoin de plus de gens dans ce foutu syndicat, c'est ce dont vous avez besoin et si vous ne laissez pas entrer ces gens. Devinez ce qui se passe quand vous partez en grève qui-est-ce le patron va utiliser pour vous remplacer ? Ils vont vous remplacer par les mêmes personnes noires et brunes que vous ne vouliez pas travailler aux mêmes côtés.

Et donc à la fin de la fin, vous allez les blâmer d'avoir pris votre travail plutôt que le mec riche blanc de leur donner le droit de diviser pour mieux régner en disant aux Blancs non riches que leurs ennemis sont noirs et bruns.

Et maintenant, Si nous avançons rapidement jusqu'à ce que le président[3] des États-Unis devienne président sur la base de cette même rhétorique disant aux Blancs non riches que la raison pour laquelle ils n'ont pas d'emploi est parce que les Mexicains les ont bien pris, c'est l'argument gardez à l'esprit qu'il y a eu un exode net de Mexicains de ce pays hors de ce pays au cours des dix dernières années en ce moment, les passages frontaliers et l'immigration réelle est au niveau le plus bas depuis les années 1970, donc quiconque croit cela est un sacré débile ou quelqu'un qui ne comprend pas comment faire des recherches dans cette vie, ou quelqu'un qui ne s'en soucie pas du tout. Pour faire simple, prenons trois événements historiques majeurs, ces moments ont laissé une empreinte indélébile sur notre société et façonnent le cours de l'histoire :

---

[3] Président Donald Trump qui a fait construire le mur de séparation USA-Méxique.

Les trois événements historiques qui ont changé le monde à jamais

- La division du monde en deux parties, l'une espagnole et l'autre portugaise, avec la découverte de l'Amérique par Christophe Colomb en 1492 et la découverte de l'embouchure du fleuve Congo par Diego Câo, la même année.

Ces deux événements ont marqué le début de l'expansion européenne à travers le monde en changeant la face du globe avec l'établissement de colonies, l'échange de biens d'idées et de maladies entre le Nouveau Monde et l'ancien.

Il a également initié des siècles de colonisation et d'exploitation qui a eu un impact significatif sur les populations autochtones d'Afrique et de l'Amérique.

- La révolution industrielle a marqué un tournant majeur dans l'histoire de l'humanité en introduisant des changements fondamentaux dans les modes de production, de transport et communication

L'utilisation de la machine à vapeur, l'essor des industries manufacturières et l'urbanisation ont transformé la société et l'économie. La révolution industrielle a jeté les bases du monde moderne avec des avancées technologiques qui ont entraîné des répercussions durables sur tous les aspects de la vie quotidienne

- La Seconde Guerre mondiale a été l'un des conflits les plus destructeurs de l'histoire impliquant de nombreuses nations à travers le monde, elle a entraîné des changements géopolitiques majeurs, la chute de l'Allemagne nazie et l'émergence des États-Unis et de l'Union soviétique en tant que superpuissances mondiales.

La guerre a également conduit à la création des Nations Unies, l'ONU dans le but, soi-disant de maintenir la paix et la sécurité internationale. Chacun de ces moments a laissé une empreinte indélébile sur notre société et façonner le cours de l'histoire. Pour encore faire très court, la première guerre mondiale a servi à supprimer l'emprise de l´Église catholique, « la papauté » sur la direction des affaires du monde. Les occultistes sont entrés dans cet édifice pour la saper et détrôner le Christianisme de sa suprématie.

La seconde guerre mondiale a intrônisée l'occultisme comme référence dans tous les aspects de la vie, les boucs émissaires étaient eux-mêmes les promoteurs du communisme, qui a été le fer de lance du changement.

Nous restons dans le spirituel, car notre approche se campe dans ce domaine. Dans l'enseignement du 10 septembre 1921, trois ans après la fin de la première guerre mondiale, Tata KIMBANGU Simon déclare que la guerre s'éclate encore en Europe pour que les Noirs se réveillent...La torpeur apparemment sans espoir que l'Afrique devait être secoué par leurs anciennes habitudes de tueries, comme c'étaient dans les années 1600 en Europe. « Chassez le Naturel, Il Revient au Galop ».

La première guerre mondiale a apporté trois étoiles dans la vie de Tata KIMBANGU Simon qui sont ses fils, le Père, le Fils et le Saint-Esprit.

-   Papa Kisolokele Lukelo Charles Daniel, le Père
-   Papa Dialungana Kiangani Salomon Paul, le Fils
-   Papa Diangienda Kuntima Joseph, le Saint-Esprit

Tata KIMBANGU Simon pose le jalon du « Kimbanguisme », l'œuvre de Christ en élevant le drapeau à Nkamba, la Nouvelle-Jérusalem en 1921.

La seconde guerre mondiale sonne le glas de la colonisation en ouvrant les portes de la décolonisation, cela prendra 12 ans pour voir le Ghana accroître la souveraineté, deux ans après la fin de la guerre, les relégations suivies de la reconnaissance du mouvement Kimbanguiste en Église, et l'année d'après l'indépendance du cœur de l'Afrique en 1960, le 30 juin. 12 ans après la création de l'Israël.

Le Kongo et l'Afrique sont des corollaires, de signes du temps, le casus belli pour la première et la deuxième guerre mondiale.

Pour avoir trafiqué la parole de Dieu, soit par omission, soit par les ajoutes et par les emprunts, soit en rendant opaques et ombrageux le mystère divin, soit par un fort asservissement vil de vrais adorateurs, soit des interprétations fallacieuses soit des déformations idéologiques. L'Europe avec ses frères d'Amérique qui l'ont surpassé et qui ont ensemble biaisé l'histoire du monde par une reconstruction de tendance dominante et colonialiste. De près les asiatiques qui recoupent les deux pour remonter et tenter de prendre le sommet. L'Afrique a construit son musée, le musée Papa Simon KIMBANGU dans la Nouvelle-Jérusalem pour poser le seuil de l'avènement de la véritable histoire de l'Afrique et du monde. Ces vérités seront dévoilées par le Père Esprit-Saint.

Le Kimbanguisme dès ses origines est l'école de recherche de la vérité sur l'homme africain, l'originel en particulier et de l'homme en général.

Le Kimbanguisme, comme enseignement de Tata KIMBANGU Simon est l'enseignement des vérités cachées qui sont dans l'ombre, les révélations de Dieu pour la race Noire, la race Mère de tous.

Le Kimbanguisme est le plan divin de récupération de l'homme vis-à-vis de son insoumission dans le paradis terrestre, le commencement de choses et la fin de paradigmes actuels.

Le Kimbanguisme, c'est savoir attendre, prendre le temps, donner de son temps qui passe, préparer le temps à venir. Le temps, c'est la clef pour la sagesse et le bonheur. Ce temps est celui de Tata KIMBANGU Simon, qui va séparer le bon grain de l'ivraie.

Le Kimbanguisme, c'est la lumière, la voie, le carrefour des nations, les prémices de la race Noire qui va rassembler les autres races qui vient d'elle pour la gloire de notre Seigneur Jésus-Christ qui est aux croisées du savoir et de la primauté : « Tout a été fait par Lui, de Lui et pour Lui ». Romains XI, 36

« Il n'y qu'Un Seul Salut, c'est la Connaissance Directe et Aucune Paresse ne Pourra nous Dispenser de cet Effort. Il faudra Acquérir la Connaissance Directe. À formation Égale, la Vérité Triomphe. Formez-vous, Armez-vous de Sciences jusqu'aux Dents »

Cheik Anta Diop

---

9. LES ENJEUX DU DIXIT DE TATA SIMON KIMBANGU

Les enjeux du dixit de Tata KIMBANGU sont multiples, la première et la principale est « le temps de Dieu est éternelle », nous passerons de ce monde, le Père Esprit-Saint est le même Hier, Aujourd'hui, Demain, le Lendemain et Éternellement.

Le second enjeu est : « La Vérité est Souveraine », « On peut l'Offusquer, la Déformer, l'Amadouer, l'Accommoder à ses fins, l'Enterrer, elle Surgira toujours pour sa Victoire »

Le monde, son histoire a été confisqué par ceux qui sont les ancêtres de ce qui font la domination aujourd'hui. Ils perpétuent l'ancien agenda avec les techniques actuelles, soit avec des ajustements, soit et souvent par la violence maquillée en systèmes, conventions, stratagèmes, défis géopolitiques d'hégémonies et de subordination perpétuelle des intentions et des hypocrisies.

Tata KIMBANGU est née physiquement en 1887. Il existait déjà, car il a toujours existé depuis et existe jusqu'à l'éternité dans sa qualité de Père Esprit-Saint.

« Eyandi Tata KIMBANGU Simoni Nkia Kolo Kakikadila e ? » … « Tata KIMBANGU Simoni Wamana Kikadila Tuka Lubantuku, Kadi Yandi I Nzambi ».

Mais pour rester humain focalisons-nous dans les décennies d'avant et d'après 1887 comme faits historiques (1870-1900).

1885, (15 novembre 1884 – 26 février 1885) Conférence de Berlin qu'il faut appeler plutôt. « Conférence du partage du gâteau Afrique » convoqué par Bismarck. 14 pays se sont intéressés de la colonisation de l'Afrique. Si vous ajoutez trente ans à 1884, l'on a 1914, le début de la Première Guerre Mondiale (1914-1918) ; trois après la fin de la grande guerre, Tata KIMBANGU Simon débute son œuvre de rédemption de l'homme Noir, de l'Afrique et du Monde entier. En plus si vous ajoutez encore trente ans à 1908, la cession de l'État Indépendant du Congo à la Belgique vous aurez 1938, le début de la Seconde Guerre Mondiale (1940-1945), trois ans après, vient la création de l'État d'Israël en 1948... Ils nous serviront de repères et de préalables.

La Première Guerre Mondiale tout comme la Seconde Guerre Mondiale n'ont eu pour motif ou pour cause rien que « l'Afrique » et le Kongo en particulier (le bassin du Kongo-Océan). Expliquons-nous, en étudiant l'Afrique !

La taille de l'Afrique dans la mappemonde est réduite vis-à-vis des États-Unis, de la Russie, de l'Europe ainsi que de la Chine. La sublimation des images, le trucage des cartes géographiques, une politique subtile de créer des complexes. Les photos satellites disent clairement que l'Afrique est plus grande en superficie, en termes de mètre-carré. Tout l'Occident réuni entrera dans la République Démocratique du Congo.

Certaines des choses qui se sont produites et qui se produisent aujourd'hui ont des causes antérieures et postérieures dans le passé et dans l'histoire de l'Afrique. Il faut savoir que ce sont les africains qui se sont déplacés les premiers pour aller en Europe, en Amérique, en Asie et en Australie et dans tout ce qu'on appelle le monde. Comment alors expliquez que le petit groupe de personnes aille battu le grand groupe ?

Les Africains, ce grand groupe des personnes n'ont pas envahi le petit groupe de personnes (l'Europe, l'Asie, l'Amérique, l'Océanie) avec l'intention de les tuer, de le dominer ou de les détruire. Ils ne les ont pas du tout envahis. Les Africains avaient l'éducation, la culture, l'essor technique, le social, le spirituel, les premières sociétés les plus prospères et organisées de la planète. Ils n'avaient rien à envier des uns et des autres dans leur apogée.

Les Maures (Mavros) ont terrassé les peuples et groupes par leurs aspects et leurs savoir-faire durant leurs séjours sur la surface de la terre où ils ont parcouru et laissé de traces visibles et palpables jusqu'à ce jour. Leur succès avait fait des jaloux et des envies pour les autres peuples, c'est alors que ce petit groupe de personnes avait décidé d'envahir l'Afrique, le grand groupe de personnes avec l'intention de les tuer et de les détruire.

Du 15 novembre 1884 au 26 février 1885, il y avait une grande conférence en Europe, à Berlin en Allemagne. La ville de Berlin a servi d'estrade, de Hall de théâtre de la division de l'Afrique, trente ans partant de son ouverture, la Première Guerre Mondiale s'est déclarée. Cette même ville a servi à la fin de la Seconde Guerre Mondiale en 1945 à la division de l'Europe et du Monde en deux blocs, les capitalistes et ses satellites sous drapeau Américain et les socialistes, ses satellites sous drapeau Russe dans la guerre froide, d'un côté le pacte de Varsovie, de l'autre l'OTAN.

Bien sûr, vous serez confondu avec quelqu'un qui vous dira que la Seconde Guerre mondiale a été déclarée à cause de la présence juive en Europe, ce qui n'est pas du tout vrai. Loin de moi l'idée de minimiser ce propos et fait historique, mais ce qu'est-arrivé aux Juifs n'est pas vraiment pour cela que la guerre a eu lieu.

Ils vous diront aussi, que la Première Guerre mondiale s'est faite parce que quelqu'un avait tiré sur le Duc d'Autriche à Sarajevo, comme il est écrit dans beaucoup de livres d'histoires, on perpétue le coup de feu qui a été entendu, est-ce partout dans le monde ce coup de feu a sifflé ?

À propos de la fusillade du Duc d'Autriche ; quelqu'un vous a-t-il déjà expliqué qui l'avait tiré dessus ? Et encore pourquoi même, disons-le, le

Duc a été abattu ? Ou l'on a-t'il pas simplement jeté là-bas ? Est-ce coup de feu a-t'il été entendu dans le monde entier ?

Le meurtre du Duc d'Autriche d'une manière ou d'une autre n'équivaut pas à ce qui a déclenché la Première Guerre mondiale, la mort du Duc n'était qu'un fait divers ou un collatéral et non un casus-belli.

Il faut remonter dans les années 1800, les missionnaires blancs dans toute l'Afrique se faisant passer pour des religieux mais en principe des géologues, des géographes, des ethnologues, des linguistes, des aventuriers, des criminels, des journalistes, des terroristes qui renvoyaient des informations logistiques sur ce qui se passait pour préparer l'assaut.

Du pire espionnage qu'ils ont fait passer pour les grandes découvertes, les meilleurs cours d'eaux intérieurs, les us et coutumes, les fleuves navigables, les nouvelles sources de débouchés, les échantillons des terres, les meilleures pour l'agriculture… Quand ils avaient suffisamment infiltré l'Afrique, découvert les faiblesses, les failles, ils décidèrent en 1890 d'envahir l'Afrique. 1890 avec les conclusions secrètes de la Conférence de Berlin.

Ce qu'on devrait appeler la Première Guerre mondiale a eu lieu à partir des années 1890 avec l'attaque de l'Afrique au Nord par les Français, au Nord-Est par les Britanniques, de la corne par les Italiens et les Français à l'Ouest par les Espagnols, les Portugais, les Français et les Britanniques au Centre-Ouest par les Belges, au Sud par les Néerlandais et les Allemands, à l'Est et au Sud-Est par les Allemands.

Tous ont attaqué l'Afrique simultanément et on ne parle nulle part même pas de guerre, avez-vous déjà eu dans vos cours d'histoire à étudier cette guerre ? Quelqu'un a déjà parlé de cette guerre en Afrique ? Avez-vous déjà entendu parler de la lutte pour Fachoda ?

Fachoda est le point sur le fleuve qui descend au Soudan où la bifurcation entre le Soudan et l'Éthiopie. La lutte de Fachoda que les Britanniques et les Arabes égyptiens commençaient à envahir le Soudan, les Italiens ont commencé à envahir l'Ethiopie, les Français envahissaient le Maroc et l'Algérie, les Espagnols envahissaient la Mauritanie, ce qu'on appelle maintenant le Sahara, les Français continuèrent dans la région du Sénégal et du Mali tandis que les Portugais envahissaient ce qui fait partie de la Guinée.

Les Britanniques revinrent à nouveau en charge au Nigeria et le Ghana et les Allemands envahirent le Gabon, le Congo, l'Angola et la Namibie, mais les Portugais finirent par contrôler l'Angola.

Les Allemands se sont dirigés vers la Namibie au cours de tout cela, lorsque les combats se sont terminés et que les guerres sanglantes ont eu lieu, les Allemands ont été malmenés par les autres puissances.

Ils se sont retrouvés avec le bout du bâton, même s'ils avaient convoqué la conférence en premier lieu pour couper l'Afrique entre-eux les Européens, le Kaiser (le chancelier) se retrouvait exclu de l'accord au tournant du siècle en 1900.

Le Kaiser a dit : « Regarder à moins que vous me donniez un meilleur morceau de terre, sinon » ; les Allemands n'avaient pas encore découvert l'uranium en Namibie et n'avaient pas réalisé la vraie valeur des terres agricoles de la Tanzanie pour l'économie de l'Europe et pourtant il est resté coincé avec la Tanzanie et la Namibie qui est principalement un désert.

Les Allemands avaient atteint le plafond de leurs courroux et quand ils n'ont pas pu obtenir de meilleures conditions sur les ressources minérales africaines, l'Allemagne est entrée en guerre pour trouver ces ressources en Europe. Où sont-ils allés ?

Ils sont allés en Lorraine en France. Quelles ressources minérales y a-t-il en Lorraine ? Les champs de charbon d'Europe se trouvent dans cette partie de la France.

Ils sont allés vers la Pologne. Qu'est-ce qui a en Pologne ? Les terres forestières de l'Europe sont en Pologne et ensuite ils sont partis de

Rhénanie ce qui était en Rhénanie les meilleures terres agricoles ou le grenier à pain de l'Europe.

Les Allemands ont fait tout cela parce que l'Allemagne a été perdant du gâteau d'une partie importante de l'Afrique. La France a obtenu la crème, l'autre partie de la crème par les Britanniques se plaçant de manière significative à côté des Français, les Portugais avaient l'Angola et le Mozambique, la Guinée Bissau et le Cap Vert, donc il y a des points, c'était certainement bien avec ses grandes plantations de canne à sucre et ses activités minières, etc… Les Britanniques étaient certains, ils avaient les mains au Soudan, en Égypte, au Kenya et en Ouganda, tandis que les Belges obtenaient le Jackpot avec les richesses de tout ce que Léopold II le roi de Belgique recevait au Congo (Zaïre). Le Congo qui était, est, sera toujours le centre des richesses minières, forestières, animales et consorts du continent avec le bassin du Congo.

Et dans tout cela, qu'est-ce que les Africains ont fait ? Les Africains ont lancé une résistance féroce, ces guerres durèrent des décennies mais cela ne s'appelle même pas une guerre, certains grands généraux naissent et meurent dans ces guerres, la plupart d'entre vous ont déjà entendu parler d'un général appelé Tippo Tip.

C'est l'homme qui a mené la résistance au Congo contre les Belges une guerre énorme menée avec des arcs et des flèches contre des canons. Les fusils, la mesure dans laquelle ils ont défendu leur territoire est énorme à comprendre et ils auraient gagné la guerre sans la mort et l'assassinat d'Abdullah qui était le chef des forces soudanaises autrefois commandées par Mohammed Ahmed appelé le Mahdi.

Abdullah a été pris aveuglément dans son dos par les Britanniques et les Egyptiens parce que les Éthiopiens ont capitulé et au lieu de défendre le drapeau qui venait de l'Est. Ils ont pris de l'argent pour rester neutre et cela reposait sur des relations amusantes entre les Italiens et eux parce que l'Éthiopie était gouvernée par une théocratie chrétienne et que les gens qu'ils combattaient étaient chrétiens, ils ont donc trouvé une certaine fraternité dans cette relation chrétienne et à cause de cela Abdullah est entourée de musulmans

L'Éthiopie capitula et ne défendit pas l'arrière des armées d'Abdullah tandis que les Français descendaient par l'Algérie, le Niger traversait le Tchad pour faire face aux forces des bâtisseurs et les Belges arrivaient au Sud. Abdullah et Tippo Tip avaient de bonnes chances de croiser les deux forces s'ils avaient pu convaincre les hommes d'élire une famille pour défendre la partie orientale de leur pays.

Mais personne ne vous parle même de cette guerre ou de ces dirigeants ou de leurs réalisations et même avec tous les armements de l'Europe, ils perdaient partout jusqu'à ce qu'ils présentent la nouvelle arme. La nouvelle arme qui a été introduite, c'était la mitrailleuse de Gatling. Cette thèse est pleinement défendue par le professeur James Smalls

Parlons-en un peu de « Roi Lusinga », de « Roi Ngongo-Lutete » « Roi Malibu » et du « Prince Mpampa », des rois tués et décapités pour la gloire de plaire à Léopold II et à Mr Strauch, le premier pour mériter l'E.I.C, son entreprise financière qu'il a créée et l'autre faire avancer la craniologie, discipline de l'anthropologie physique qui faisait sensations dans cette Europe de « Zoo Humains », et avide des « Musées d'expositions » des arts dit primitifs, nègres et sauvages.

Le 2 décembre 1884, Storms confesse d'ailleurs qu'il aurait bien « fait disparaître » Lusinga depuis longtemps s'il avait eu les forces militaires suffisantes. Mais à ce moment la donne vient de changer avec l'arrivée dans sa station de Paul Reichard, son équivalent allemand au sein de l'AIA, lequel dispose de sa propre troupe de mercenaires armés.

Le lieutenant Storms écrit dans son journal : « Monsieur Reichard est à la station avec sa caravane et consent à me prêter appui pour combattre Lusinga. Je profite de cette circonstance pour mettre à exécution mon projet depuis longtemps rêvé. »

Menée par 100 hommes, l'attaque contre Lusinga est déclenchée à 8 heures, le 4 décembre 1884. S'il en est le commanditaire, Storms n'y participe pas personnellement. Toutefois, dans son journal, il détaille les « exploits » des hommes de l'AIA :

« Le premier coup de fusil qui part est adressé à Lusinga qui tombe, mortellement blessé. Il dit qu'il est mourant mais, au moment que la dernière syllabe expire sur ses lèvres il a la tête tranchée, qui est promenée sur une lance pendant que l'attaque générale se produit dans le village. C'est un pêle-mêle indescriptible. La plupart des Rougas-Rougas de Lusinga voyant leur Mtémi tué ne cherchent même pas à défendre leur demeure, d'autres se défendent sur place. Le feu se déclare sur tous les points du village, tout ce qui est encore libre cherche à se sauver. Trois autres villages ont le même sort. Vers midi, il n'existe plus de toute la puissance de Lusinga que quatre monceaux de cendres. Grande quantité de vivres sont tombées aux mains de mes guerriers et un repas est pris sur le champ de bataille même, dont les frais sont fournis par la dépouille du vaincu. 50 à 60 hommes ont trouvé la mort sur le champ de bataille et 125 personnes sont tombées entre nos mains. Tout ce qui a échappé aux flammes est devenu le butin de nos guerriers. »

Le 15 décembre 1884 par Kansawara que Storms qualifie de « plus grand chef du Marungu ». Fièrement, le lieutenant écrit ce que lui aurait dit cet homme au moment de se soumettre :

« Lusinga Lwa Ngombe était le chef le plus fort du Marungu, vous l'avez battu et tué, maintenant c'est vous qui êtes le plus grand chef et personne ne sait vous résister. Moi et les miens, nous vous reconnaissons pour notre Roi, pour notre père, notre mère, notre frère, notre ami, vous avez plus d'esprit que nous et nous vous confions le soin de gouverner notre contrée. » …Le crâne de Lusinga, Guy de Boeck

Storms, Emile Pierre-Joseph déclaré Emile 1[ier] « Empereur de Tanganyika » s'engage dans l'Armée belge en 1861, après vingt-ans de piètre service en Belgique, il savait combien flatter les petites manies de ses supérieurs pour ménager une carrière illuminée par la bienveillance de ses supérieurs au Congo où l'on se voyait automatiquement gratifié d'un avancement de grade.

Comme Léopold II appréciait les officiers qui fournissaient au Mouvement géographique une belle publicité scientifique et Strauch qui avait un penchant pour la craniologie. Storms fournit à l'un et l'autre ce qu'ils voulaient, il finit Général et gratifié de diverses médailles honorifiques et d'un buste en bronze dans sa ville natale et l'autre au Square de Meeus.

Destitué, Emile 1ier quitta Mpala le dimanche 26 juillet 1885, pour Bruxelles dans ses malles se trouvent quelques statuettes et 3 crânes dont celui de Lusinga, Malibu, et de Mpampa. Cette histoire n'est jamais enseigné en RD-Congo, ni en histoire ni dans l'éducation de masse, encore moins dans nos piètres bibliothèques.

Notre enjeu suprême est d'écrire notre propre histoire, selon la vérité, et dans les circonstances tels qu'ils se sont déroulés dans sa gravité comme dans sa cruauté non selon la volonté et le désir de ceux qui nous ont tués pour nous dominer, mais heureusement pour la vérité rien que la vérité.

« Les crimes contre les hommes se doublent clairement de crimes contre les choses, contre les cultures, mais aussi contre les morts et les ancêtres » comme disait Martin Vander Elst.

Il y'a une autre thèse supportée par Nick Kollerstrom, PhD que les Britanniques ont initié les deux guerres mondiales, la première et la seconde par Churchill Winston, de sa propre initiative. La première en envoyant la Royal Navy au Nord pour initier la guerre, et la seconde en sa qualité de Premier Ministre d'utiliser la commande de la bombe. Les banquiers ne sont venus après pour dire qu'ils ont suffisamment de réserves en liquidités pour accompagner la guerre. L'élite secret Grey, Asquith, Haldane et Churchill étaient dans la combine. « How Britain initiated both world wars, 2nd edition, 2017 ».

L'histoire de l'Afrique doit être écrite par les africains pour les africains pour expliquer et donner aux générations anciennes que nouvelles la vraie condescence, la pure des vérités selon le Père Esprit-Saint, le Révélateur de choses cachées dans l'obscurité et dans le monde avec toute ses galaxies.

Quand Tata KIMBANGU disait « Noir deviendra Blanc et Vice-versa », une table rase doit être proclamée pour la fin du vol, du mensonge, de l'usurpation, de la domination, de la confiscation pour de la vérité, de l'égalité, de la justice. Ce changement de paradigmes se fait et continue de se faire, car la cause est juste, la victoire certaine. Les scientifiques de malheur qui se basent sur les données et les faits disent « Utopie », nous nous disons, quelle que la soit la durée de la nuit, le soleil apparaît toujours.

Le respect ne se mendie pas, le respect se gagne en étant méchant, en travaillant pour illuminer sa place, sa position et son dynamique. Ce n'est que dans un rapport de force que l'on s'affirme. Quand on est indépendant totalement, l'on fait de soi-même un géant.

La méchanceté ici est une qualité de défense, l'Afrique s'est laissé berner par sa gentillesse, son hospitalité, sa naïveté et son corollaire de croire aux dieux des autres en reniant les siens qui sont véritables. L'Afrique, cette géante aux pieds d'argile mélangé de bronze est tutoyée, bafouée, négligée, asservie car sa gentillesse et son hospitalité a été considérée comme une faiblesse.

On ne peut pas se développer dans une langue et une conception étrangère. Les concepts et la logique s'engendrent dans sa langue maternelle, cette dernière est le cordon ombilical qui relie les concernés à leurs terres, à ses croyances, à sa culture, aux us, coutumes, aux habitudes, aux génies, aux ancêtres et aux anciens.

C'est ainsi que Tata KIMBANGU avait dit : « De ne pas renier, négliger nos langues et notre culture, nous devons l'enseigner à nos enfants et nos petits-enfants, car c'est la communication directe avec Dieu, car là où nous allons dans l'avenir les langues des blancs vont disparaître… »

Cette logique est bien déterminé dans Deutéronome XXXII, 7- 8 : « Pensez aux jours d'autrefois, remontez le cours des années ; demandez à vos parents et aux vieillards de vous raconter le passé. Lorsque le Dieu très -haut a réparti les pays entre les hommes, il a fixé les frontières des nations ; il a placé chaque peuple sous l'autorité d'un être céleste, mais il s'est réservé le peuple d'Isolele, il a pris sous sa protection les descendants de Yakuba »

Quand vous considérez les pays en Afrique selon leurs positions dans la carte, vous constaterez que la majorité de pays a été séparé comme des lignes obliques, verticales, horizontales selon les envies et les besoins de ceux-qui sont venus des autres horizons comme sur un bout de papiers que l'on tire au sort.

Heureusement pour le Grand Kongo (Kongo-Kinshasa, Kongo-Angola, Kongo-Brazzaville et le Gabon, un ensemble où les formes géométriques du sort des lignes verticales, horizontales, obliques ne font figures de surface. Un véritable don du Père, Esprit-Saint, Tata KIMBANGU Simon.

Quelqu'un peut-il me répondre, pourquoi la Bible est traduite dans nos langues d'Afrique et non le livre de Chimie, de Physique, d'Algèbre, de Biologie, d'Histoire et les autres Sciences ?

Pourquoi l'éducation a été confié aux prêtres catholiques ? Et particulièrement aux jésuites ? Connaissez-vous la devise des jésuites ? Savez-vous qui en-était le fondateur de l'ordre ?

Ceux qui s'appelaient de l'ordre de Jésus savaient qu'ils n'avaient point avec eux le corps de Jésus, ils n'étaient pas de détenteurs de la vérité de ce dernier, cependant ils avaient repéré l'avènement du Saint-Esprit en Afrique. Ils sont venus en Afrique pour préfigurer sa venue, son arrivée, sa mission en perturbant et en empoisonnant le continent, ses peuples, ses sols, ses cultures par la tabula rasa d'autodestruction.

Cette sape s'exprime ainsi : « Faire sortir l'Africain de la forêt équatoriale, mais Laisse la forêt équatoriale dans la tête de l'Africain »

Le théorème du singe a été bien appliqué en Afrique par les vrais manipulateurs qui n'ont fait que tirer les ficelles indiquées en temps opportun pour que leurs fantoches agissent comme bon leur semble. Ils dictent au troupeau naïf et irréfléchi ce qu'il doit penser à propos de soi, d'autrui, de la vie, de l'histoire, des événements en cours.

Mais l'Afrique est le berceau de l'homme, de la vie plus encore à savoir le berceau des sciences, des arts, des sports ainsi que de tous les aspects de l'organisation de la vie de l'homme, ses différents vestiges, documents, tableaux, silex, codex, sur pierres, papyrus et fossiles. Ceci bien avant l'ère chrétienne en milliers d'années.

Le Père Esprit-Saint, Tata KIMBANGU va relâcher l'Esprit pour vivifier l'Afrique selon ses prérogatives d'affirmation et de confirmation. Cette personne Noire qui était un bien de consommation va reprendre son génie créateur de l'esprit pour fournir les œuvres de l'esprit qui seront utilisés dans le physique sans qu'ils aillent des interférences négatives sur l'humanité tout'entière.

Cet esprit de perfection créera chez les autres l'esprit de mort probant, même la formule de faire une aiguille disparaitrai de la logique de ceux qui ont vrombit dans la matrice putréfiée de sang des sacrifices et des rites macabre des ténèbres pour la matière, le luxe et la folie de la grandeur.

Les enjeux sont multiples, l'esprit aussi est intarissable, car la source est divine. Le naturel des péchés va disparaître pour la transformation de l'esprit qui se ferrait comme dans un mouvement de clin d'œil, alors l'on sera vêtu de l'immortalité et de l'invincibilité sur tout ce qui est inférieur et négatif.

La vie de la liberté selon les mesures du Père Esprit-Saint est la proportion de la justice de l'esprit, la justice divine qui tient compte de tout et de rien, selon son bon vouloir et son bon faire.

« La Victoire et la Puissance de la Vérité est Semblable à celle d'Un Coup de Tonnerre, Impossible d'En Empêcher le Bruit et la Lumière »

Papa Simon Kimbangu

10.   LES VICTOIRES DU DIXIT DE TATA SIMON KIMBANGU

L'on parle de victoire après une bataille, après une guerre, soit après un examen ou un concours. Pourtant la vérité est une victoire continue, la vérité ne peut devenir mensonge dans la logique de Dieu. Tout, comme le mensonge domaine de Satan, du diable et de ses sbires ne peut devenir vérité dans la pensée de Dieu, mais il est aujourd'hui encore en position de force dans ses derniers jours de décadence.

Ici, nous parlons du dixit de Tata KIMBANGU du 10 septembre 1921, Mbanza-Nsanda et de celui du 17 août 1922 d'Elisabethville, nous ajouterons à la lumière des ses autres enseignements, oracles, déclarations et promesses sorties de sa propre bouche ainsi que des chants inspirés qui sermonne le parcours de l'Église Kimbanguiste durant ces 102 années d'existence, d'une manière simple.

La Première Victoire de Tata KIMBANGU Simon est sa parole, son appel, son enseignement a été écouté, digéré et assimilé, non seulement par ceux qui parlaient le « Kikongo », pas seulement par ceux de trois piliers du Kongo (Kongo-Angola, Kongo-Brazzaville, Kongo-Kinshasa), mais de toute l'Afrique, de l'Europe et de l'Amérique. L'Asie aussi était concerné, car les ambassadeurs de ces pays faisaient des rapports aux autorités respectives.

La Seconde Victoire de ce dixit est la naissance d'une conscience collective pour la libération sous les auspices de l'Eternel.

La Troisième Victoire est la fin des terreurs, ravages et menaces de la sorcellerie, des fétiches, des sorts, des malédictions et maladies qui venaient de ces genres de pratiques.

Le défi que lui-même Tata KIMBANGU Simon, accompagné de son compagnon de lutte, son premier fils, tata Kisolokele Lukelo Charles Daniel a tenu en immobilisant les sorciers qui terrassaient la population des villages dans la vallée de Kimiala aux alentours de Nkamba.

Je me rappelle une chanson des années vingt, précisément 1924 captée par Mr Fwasi Lucien qui disait : « Lubangamu Kalukala Diaka Ko, Baveledi Besinga Bokelua », les peines vont se terminer et les saints seront appelés pour la gloire ... Notre joie sera immense.

La Quatrième Victoire du dixit est les réalisations de ce qui était déclaré comme promesse. Les oracles de Tata KIMBANGU Simon.

Hébreux IV, 12

« La Parole de Dieu est vivante et efficace plus tranchante qu'une épée quelconque à deux tranchants, pénétrante jusqu'à partager âme et esprit, jointures et moelles ; elle juge les sentiments et les pensées du cœur. »

Ésaïe LV ; 11

« Ainsi en est-il de ma parole, qui sort de ma bouche ; Elle ne retourne point à moi sans effet, sans avoir exécuté ma volonté et accomplis mes desseins. »

Psaumes XXXIII ; 9

« Il dit, et la chose arrive ; il ordonne, et elle existe. »

1. La reconnaissance du mouvement Kimbanguiste en Église, en 1959 comme le livre du prophète Aggée IV ; 6 le déclare et le stipule en Lettres d'Or

2. Le retour des relégués et des prisonniers d'opinions, d'abord ceux de Lowa dans le Maniema et puis de ceux de Belingo et des environs Maïndombe, Port-Franqui (Ilebo), Tshuapa, Ingende, Boma, Tshela…

3. Les indépendances politiques nominales en Afrique de 1957 (Ghana) en 1991 (Namibie). Du soixante-dix ans de sa naissance aux soixante-dix ans du début de son œuvre. La différence de 1991 à 1957 est de 34 ans, l'âge que son œuvre a débuté.

4. La succession des autorités comme élites telle qu'édictée. De Kwame Nkrumah, Houphouët Boigny, Moumié, Sékou Touré Lumumba, Senghor Léopold et les autres qui ont suivi, comme les chefs d'états successifs du Congo-DR dans le langage prophétique en symbole d'animaux.

5. La construction du Grand Temple de Nkamba en 1981, dont les travaux ont duré 5 ans de (1976-1981), lieu de sa naissance, de son arrestation et de son repos. Précédé par le temple de Matete en 1966 et celui de Boko en 1958 au Congo-Brazzaville. Les autres temples ont suivi comme celui de Lubumbashi en 1999, lieu de son emprisonnement, celui de Bukama en 2014, récemment celui de Niangara en 2023… Avec l'étendard du temple de Lowa.

6. Les compétitions des chorales, associations, des fidèles, d'abord les deux grandes GTKI et Dirigeants, puis la Fanfare, les Flûtistes, les Guitaristes, les Accordéonistes, le Choreki tant Jeunes Bisika ou Jeunes Lutendele, les Paroisses, les Cellules et les Sections.

7. Le rassemblement de personnes apportant les offrandes en espèce / monnaie diverse (devises) en nature (biens) à mettre dans la grande bassine. Individus des alentours de Nkamba dans sa configuration de 18 villages, de l'autre côté du fleuve avec le roi Mandombe & compagnies, ceux de Boko et d'autres riverains (Lambu'A Nzadi) et aujourd'hui le monde entier de l'Est à l'Ouest, du Nord au Sud. Selon le calendrier des fêtes le long de toute l'année.

8. La construction de la ville sainte de Nkamba, Nouvelle-Jérusalem qui est continuelle depuis l'année 1960 avec l'arrivée de l'Arche de l'Alliance (le corps de Tata KIMBANGU) qui est dans son sarcophage exposé sur une estrade dans le « KINLONGO », la maison des Rois, le musée Tata Simon Kimbangu et maintenant le Mémorial pour les relégués. Sans oublier les autres édifices et monuments de l'histoire de l'œuvre de Tata KIMBANGU Simon disséminé dans tout le territoire du Grand Kongo.

9. L'universalité du Kimbanguisme avec les autres races du monde bien qu'en fine goutte vu et au regard de disparités sur la lutte de classes et de religions.

10. L'indépendance Spirituelle, dont les prémices sont en cours ! Le

Drapeau de la RDC, ce 17.09.2023 hissé à New-York par le maire de la ville en 2 exemplaires, format Grand-nature à côté des États-Unis symbolisant le Relais Spirituel qui se passe en douceur.

Les préparatifs du voyage de Nkulumbimbi, Mbanza Kongo, Angola

11. La Cinquième Victoire est progressive dans sa quête de réalisation, la victoire totale de la composition. Cette perfection est divine, souple, juste et limpide. La décomposition doit cesser, car le pouvoir du diable, de la mort, et de la maladie disparaîtra.

Une perfection qui est divine reste au-dessus de la mêlée, sa souveraineté ne peut passer à autrui, aucune créature ne peut l'altérer. Nous l'attendons, elle arrive, son temps est fixé, elle marche vers son terme, elle ne mentira pas. Si elle tarde, nous attendons -la, car elle s'accomplira, elle s'accomplira certainement.

Ceci dans l'esprit de l'énoncé de Habacuc II : 3

« La vision, l'oracle, la proclamation, les paroles de vérités est encore différée jusqu'à un certain temps, et l'Eternel parlera de ce qui arrivera à la fin, et il ne mentira point ; s'il tarde, attends-le, car il ne manquera point de venir et il ne tardera point »

11. LE SENS PROFOND DU DIXIT DE TATA SIMON KIMBANGU

Le sens profond de l'enseignement de Tata KIMBANGU, dans cette portion qu'on est prise (le dixit) est : ce bouleversement gigantesque, ce véritable grand rapport de force que le monde doit vivre, le changement des paradigmes. Le Grand Balayage ! Un Méga Chambardement !

Le règne de la justice divine pour celui de l'injustice du monde, l'arrivée de la paix pour la fin de guerres, le positionnement de valeurs sûres pour la suppression des antivaleurs.

La mise à nu de l'occultisme avec toute sa cohorte de vices : la pédophilie, l'homosexualité, l'agenda LGTBQ +, le nudisme, la sorcellerie, le fétichisme, la magie, les tenues et les sessions de franc-maçonnerie, de rose-croix... Tout ceci est appelé à disparaître.

La fin de la crise multidimensionnelle touchant l'humanité dans la divinité de plusieurs : nous citons, les guerres d'exploitations, d'usures pour l'hégémonie, les finances comme si la vie est le casino, Mammon devant lequel le sang humain est versé sans remords.

Le renversement des rôles dans l'évangélisation dû à un tournant dans l'orientation de l'axe de la missiologie qui désormais sera orienté de l'Afrique centrale (Kongo) vers le monde. De l'Afrique vers les extrémités.

La fin des approbations et des assurances des « Maîtres », « Gourous » et des Institutions des Malheurs qui terrorisent le monde, l'Afrique en particulier.

La fin de la paupérisation tant matérielle, spirituelle, sociale, physique, psychologique, oncologique qu'ontologique.

L'heure de la vraie disette de la parole de Dieu. Le paganisme qui était devenu une institution au sein des églises doit disparaître.

La fin de la confiscation de la vérité par les soi-disant experts, maîtres, gourous, féticheurs, sorciers, devins, augures, incultes, occultes, scientistes, religieux, mystiques et consorts. La vérité sortira de la bouche des enfants, de jeunes garçons et jeunes filles, les visions par les vieillards. Viendra enfin, l'affranchissement de la vérité. Joël II,28

La fin du christianisme estropié, des philosophies de mécréants, qu'ils soient de l'Orient, de l'Occident ou de la mère-Afrique. La renaissance du christianisme primitif fondé sur le véritable, extériorisé par le Kimbanguisme.

La réparation pour les valeurs que l'Afrique a perdues à Nkulumbimbi, Mbanza Kongo entre autres la pierre, la chaise, l'arbre, l'eau. Ces objets ont subi et connu une déviation spirituelle en Occident. Ils doivent être récupérée pour jouer de son véritable rôle dans le vouloir du Père Esprit-Saint, Tata KIMBANGU Simon.

Par exemple le racisme est un rapport de force, si tu es suffisamment assis et que tu as suffisamment de ressources, vous écraserez le racisme. Si tu choisis de rester, il faut jouer le jeu, on ne peut pas changer un système, un pays, une oligarchie qui a 600 ans d'histoire en mendiant.

Il est facile à un Français de dire Sale Nègre, Sale Arabe, Fils de P…, il se sent dans la peau du colon, de celui qui est venu en maître pour faire apprendre sa langue, sa culture, ses manières, ses manies. La culture du dominant est ancrée dans le psychique qu'il se croit de droit à tout faire et dire. L'Amérique du Nord colonise l'Europe, c'est juste le rapport de force.

Un autre exemple, Barak Hussein Obama en qualité de candidat aux élections américaines a été refusé de droit de parole à Berlin à la porte de Brandebourg au mois de juillet 2008 par le chancelier Merkel Angela pour sa race, devenu président des États-Unis, son homologue de l'époque de la France, Sarkozy Nicolas avait usé de la blague, une rhétorique pour commenter sur son casque de mulâtre comme quelque chose d'étrange, d'inhabituelle pour la présidence des États-Unis. Juste avec un rire de condescence !

Sur le succès, par exemple Cassius Clay (Muhammad Ali) et Tyson Mike, tous deux étaient boxeurs, champion du monde poids lourds. La différence entre les deux le premier est beaucoup plus adulé que le second. Pour Muhammad Ali, il a su allier à son argent, à ses avoirs, à son prestige, la spiritualité en devenant membre de la nation de l'Islam dans une période où il n'était pas facile pour un afro-américain de l'être. Il a refusé de participer à la guerre de Viêtnam pour ses convictions religieuses.

Quant à Tyson Mike, il ne parlait qu'argent, blingbling, pour ça il n'y a pas d'élévation. Car l'argent ne fournit que de la consommation, rien de sérieux, on a le sexe, mais pas l'amour, les maisons, mais pas le sommeil, le commandement, l'obéissance, la peur, les esclaves mais pas de vrais amis ni la simplicité encore moins de la normalité de mouvements. Seules les valeurs spirituelles élèvent sur des horizons. Mike Tyson est venu avec sa violence de banlieue et la boxe n'a servi que de tremplin, l'esprit de violence qu'il animait est resté durant toute sa vie et dans sa carrière. Raison énorme de profil bas. Barak Hussein Obama, bien qu'il soit devenu président des États-Unis, cette vie double qu'il a mené, les intentions fausses de la magistrature qu'il présentait n'a servi qu'à hisser l'agenda LGTBQ+ dans l'armée, dans les institutions, dans les états et dans les lois votées depuis lors en raison des dettes morales du support reçu des lobbies de campagne.

Les vices et sa culture n'ont qu'une destinée, la sape de l'autorité et le déclin de toute la société à la manière sourdine de toute drogue, on en voudra plus, on serait plus addicté et enfin c'est la destruction totale. Dieu Père Esprit-Saint Tata KIMBANGU Simon usera de son dixit de changement pour un nouveau paradigme, qui est celui de la composition.

12. LA CONCLUSION

Dans moins d'une année et demie, j'entrerai dans ma soixantaine, le compte à rebours a déjà commencé. Maman a traversé la frontière à 62 ans, Papa l'a fait à son tour à 79 ans. Peut-être ma main ne sera plus forte pour écrire, mais une chose est certaine ma lucidité j'ai le droit de la garder.

Réaliste je le resterai jusqu'à ce que vienne l'instant où les aïeux de « Ntenta-Dia-Ntona » qui ont été relayés par les arrière-grand-pères de « Mbanza-Mbola » pour les ancêtres de « Nkamba » disent d'accord. Je n'oublierai pas non plus les aïeux de Kiazi-Kingudi Mosi, les arrière-grand-mères de Vunda-Nsonia.

Pour vous qui venez de lire ces pages, un Test à Trois Filtres, vous est donné et proposé.

-   Le premier filtre : Êtes-vous Sûr que ce que vous avez lu est Véridique ?
-   Le deuxième filtre : Est-ce Bon ce que vous venez de lire ?
-   Le troisième filtre : Est-il Utile, ce que vous venez de lire ?

Après avoir passé ce Test à Trois Filtres : le Filtre de la Véracité, le Filtre de la Bonté et le Filtre de l'Utilité. Après avoir donné des réponses à vous-même aux Trois Questions. Sache que :

« Les Génies discutent des Idées, les Moyens discutent des Événements, et les Petits discutent des Personnes ».

De la guerre des concepts et de la confrontation des idées jaillissent la lumière, en focalisant sur les événements, l'histoire s'écrit, en restant sur les personnes la jalousie tue. Deux personnes sur un même lieu, sur un même événement, si on leur fournissait un papier, une estrade pour témoigner, forcément ils n'écriraient pas les mêmes faits, les mêmes gestes ou le même récit sera prononcé.

La raison n'est pas nécessairement le niveau d'étude, ou les disponibilités personnelles, mais toute une batterie des causes et des effets. Il y'aura des similitudes, des différences, des contrastes et aussi de l'imaginaire... Il est inutile de blâmer quelqu'un dans cette vie que nous menons au jour le jour, les bonnes personnes nous apportent de la joie, les mauvaises en revanche fortifient nos expériences.

Les plus mauvaises nous donnent des leçons, les meilleures revitalisent notre mémoire. Souvent ceux qui nous inspirent confiance, sont ceux qui nous laissent tomber en premier tandis que ceux à qui nous attendons le moins nous aiment vraiment.

Ils nous font crier pour des choses que nous n'avons pas faites ; les autres cependant ignorent nos fautes juste par leurs merveilleux sourires. Les uns veulent rester à nos côtés, nous leur disons, dégage ! Les autres déguerpissent quand on a certainement et sérieusement envie d'eux. Ce monde dans lequel nous vivons est un ensemble, une composition de personnes, nous ne pouvons que choisir qui serrez les mains et qui laisser déambuler.

Après tout serrer la main ou laisser la personne déambuler sans attention n'est qu'une partie de la vie. Seulement ceux qui réellement ont de la considération savent trouver l'âme sœur dans la tranquillité et dans la peine.

Esaü et Jacob étaient frères, ils sont nées dans une condition d'extrême grâce. Isaac dans la soixantaine, Rebecca aimée, mais stérile pour beaucoup d'années. L'ainée aimé du père, le benjamin le chouchou de maman. Dans la tradition Kongo, les jumeaux s'appellent « Nsimba et Nzuzi » et s'il faut traduire, celui qui touche (celui qu'on touche) et celui qui juge (celui qui porte un jugement. Le premier est celui qui touche, le second est celui qui juge. C'est-à-dire l'ordre a été renversé, celui qu'on appelle Jacob est en principe Esaü et celui qu'on appelle Jacob est Esaü. Est-ce vrai ou faux ! Ceux de Kongo-Brazzaville disent « Bansimba ; Banzuzi), le touché, le jugé ; Celui qu'on a touché ; celui qu'on a jugé !

Dieu, Père Esprit-Saint, Tata KIMBANGU voulait par son dixit réactualiser cette équation que les exégètes ont soit tripoté soit falsifié ou soit manipulé. C'est aussi pour cette raison que le Christ avait autrefois dit dans les évangiles « Les premiers seront les derniers et les derniers seront les premiers ».

Tata Dialungana Kiangani Salomon, dans sa seconde venue à Nkamba a renchérit : « Bialunene bielee Ku Lumonso, ye Bialumonso ku Lunene »

Alors que l'Europe occidentale s'étend sur 1.109.000 km², il faut multiplier par deux ce chiffre, pour obtenir la superficie du Congo-Kinshasa, soit 2.345.000 km². Congo, cœur de l'Afrique : un pays aux dimensions continentales, riche en ressources naturelles ; Un Congo fort, développé, c'est toute l'Afrique qui en retirera les gains et les bénéfices. L'Afrique souffre d'un problème de cœur, elle est toute proche d'une crise cardiaque. Cette Afrique qui vaut 30.370.000 km², à lui seule : voici la carte selon le graphiste allemand Kai Krause, photo en bas. https://www.francetvinfo.fr/monde/afrique/politique-africaine/la-carte-de-l-afrique-comme-vous-ne-l-avez-jamais-vue_3059425.html

https://twitter.com/womenandafrica/status/365669968349626369

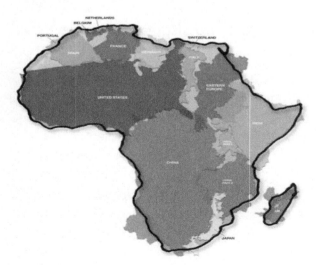

L'Afrique à lui seule vaut la totalité en somme des superficies de tous ces pays, la Chine, l'Inde, les États-Unis, l'Allemagne, l'Espagne, la France, la Belgique, le Nederland, le Portugal, la Grande-Bretagne, la Suisse et l'Europe de l'Est.

Pourquoi cette désinformation ? La réponse : « le pouvoir » !

Le Pouvoir, c'est la capacité à influencer le comportement d'une personne, le déroulement d'un événement ou la conduite d'une situation. Ceux qui tiennent l'Afrique use de cette force, de cet étreingle pour nous asphyxier. Ils ont fait de cette astuce un enjeu de domination de centaines d'années.

Un enfant qui ne reconnait pas son père est orphelin et malheureux. Le père d'autrui ne peut pas aimer l'enfant de l'autre plus que le sien. Le naturel de l'homme veut ainsi faire les choses. Comment devient-on enfant illégitime ?

Souvent en cas de divorce, d'adoption, de mariage frauduleux ou de la tricherie à l'extérieur du foyer conjugal.

Dieu a tout donné aux Congolais en particulier et aux Africains en général, mais nous ignorons que tout ce qui vient de Dieu est avant tout spirituel. N'est-ce pas là, le nœud du problème ? Si Dieu nous a donné autant de richesses, ce n'était pas sans conditions.

La première des choses, c'est de le reconnaître comme Puissance extrême régnant sur l'univers.

A chaque génération, Dieu s'est fait chair ou envoie un messager, à chaque peuple ou nation, Dieu se fait homme ou envoie un intercesseur. Et les Congolais-Africains que nous sommes, qui est notre Dieu, notre point de liaison auprès de Dieu ? Notre Ancre ? Notre refuge ?

Congolais-Africains, cherchons sérieusement à découvrir qui est notre Dieu, notre intercesseur auprès de Dieu.

Allons-y chez celui qui a dit « NDOMBE SIKAKITUKA MUNDELE » et « MUNDELE SIKAKITUKA NDOMBE » … Lui détient les secrets de tout et de rien en sa qualité de « l'Ancien du Jour » … Lui sait Qui ? Quand ? Quoi ? Comment ? Où ? et Pourquoi faut-il faire ?

Approchons-nous de lui qui détient la clé de toutes les énigmes, l'apaisement de toutes nos souffrances afin que nous soyons les heureux bénéficiaires de ces richesses qu'il a prévues pour nous.

Notre Père s'appelle « Tata KIMBANGU Simon », c'est lui notre « Dieu »

Dans l'histoire de l'Afrique et du Congo, le seul personnage investi d'un immense pouvoir spirituel que ce continent, ce pays n'ait jamais connu est Tata KIMBANGU Simon, l'Envoyé de notre Seigneur Jésus-Christ. C'est à lui qu'en 1921, est confié la mission de nous libérer de l'emprise du colonialisme et à travers cette libération, toute l'Afrique allait être délivrée du carcan de la soumission. Ayons conscience qu'il faut d'abord soigner le Cœur de ce Continent.

Toute l'Afrique n'attend que le Congo pour jouir de toutes ces richesses que Dieu nous a accordées en abondance. L'Afrique est plongée dans un sommeil anesthésique, une profonde léthargie. Le Kongo, terre bénie, cœur de l'Afrique sortira ce continent de sa torpeur.

Les générations passent, nos arrière-grands-parents et nos grands-parents sont morts dans la souffrance et n'ont jamais pu jouir de ce qui aurait pu les relever d'un cruel manque de ressources, de la plus totale désolation. Nos parents ont eu également leurs lots de misères.

Tata KIMBANGU Simon ; Peuple Congolais, ne cherchez pas les causes de vos souffrances ailleurs, le pays est riche, très riche. Si Israël avait en son temps l'arche de l'alliance qui symbolisait la présence de Dieu parmi eux, soyons convaincus que notre Arche de l'Alliance est aussi présente au Congo-DR. (ex- le Zaïre dont l'anagramme est Izraël) … Coïncidence ou la face cachée de chose, l'un physique et l'autre spirituel, Ismaël & Isaac.

Ne souffrons-nous pas par ignorance, fourberie ou distraction ? Réveillons nos consciences une fois pour toute. Papa KIMBANGU est le bateau, le grand pont qui nous amène à Christ. Nkamba, sa chambre où se trouve l'Arche de l'Alliance. Celui-ci garde toute la richesse du Congo, de l'Afrique et de l'Homme Noir.

Le Père, le Fils et le Saint-Esprit y résident, l'arbre « le Nsanda », l'eau sacrée et bénite « le Sima » ou le « Mpumbu » ; la terre bénite où l'on marche pieds nus. Des airs sirotant les firmaments ! Les étoiles scintillantes !

Les oiseaux messagers, les saints et les anges. Les communs des mortels, les vivants et les morts. La Fanfare céleste, les flûtistes, les tambourins, les mélodies de chorales, des chantres, les défilés de tout et de rien, du visible et de l'invisible. Les plaines, vallées et montagnes

Les soldats du jour et de nuit, soldats, policiers, gendarmes, surveillants, scoutistes, secouristes, les soldats de l'harmaguédon aux tailles et configurations grotesques !

Les suppôts du diable aussi y sont car le bon et l'ivraie ne sont pas encore séparés. L'heure fatidique est proche, le soir s'est déjà terminé. La nuit pointe vers l'aube, et les lueurs du matin s'apprêtent pour apparaître à l'horizon pour la gloire des élus et l'opprobre des méchants, commençant par le chef menteur, les déchus de l'air, des eaux, de l'espace et de monde souterrain. Nous irons à Kulumbimbi, l'arbre ancien de la Genèse. Viendra enfin le Grand Chambardement !

Que la Paix et la Grâce de Notre Seigneur Dialungana Kiangani Paul Salomon nous accompagne, au jour le jour, l'Amour et la Communion du Père Esprit-Saint Tata KIMBANGU Simon en toutes circonstances ! Tata KIMBANGU Kiangani Simon, Éternellement ! 3 ; 5,15 = 23 ; 2023 (le zéro).

Helsinki, 10 septembre 2023

13. EPILOGUE

Nous vivons la décadence de la civilisation occidentale, l'Orient Orthodoxe reste camper sur ses traditions. Le combat de Goliath, le géant, l'orgueilleux avec ses armures en quoi il avait toujours confiance durant son apogée et de l'autre David, le berger avec juste sa gibecière avec quelques cailloux bien triés et choisis.

Cette histoire est bien connue des lecteurs de la Bible, il y'a encore un autre combat, soit une guerre celle de Gog et Magog... J'aimerais beaucoup me focaliser sur le premier combat. Roi Saül savait que la main de l'Eternel n'était plus avec lui, il savait aussi malgré qu'il fût de taille élancée, il ne faisait pas poids au gabarit de Goliath.

Il confia ses armures à David, il en porta, mais il finit par constater qu'il lui était difficile de marcher, qu'il n'était plus souple de ses mouvements. Il déclara au roi Saül qu'il était préférable de ne compter que sur ce qu'il a et ce qu'il a, il l'a reçu de l'Eternel.

L'Occident Collectif a berné le monde dans la folie de ses pillages et de ses richesses mal acquises. Il se vante de posséder les armes qui ont toujours gagné des guerres. Il se dit l'axe du bien et de la civilisation universelle, mais après s'être prosterné dans le satanisme, et baigner dans les rites macabres qui ont comme dogme absolu, le libertinage et la culture des vices, ses autorités sont devenues que l'ombre d'eux-mêmes et font de peuple qui constitue cette espace des personnes avec une légèreté agrandissante de décomposition.

Leurs mines pleines des antivaleurs, de wokisme et toutes les autres pourritures qu'ils poussent à l'extravagance de l'innovation. Les immoralités et les bassesses qu'une tête saine dans un corps sain ne peut imaginer.

L'Orient Orthodoxe, sous le charisme de l'Ours agence ses pas dans la froideur de l'hiver avec assurance et détermination de vie et de survie.

Ses dirigeants ne se trouvent pas dans la liste de plus riches de ce monde mais à eux seules elles valent des trillions, comme valeur nette personnelle. Ils dorment longtemps, et passent les premières heures de la journée à s'entrainer dans diverses activités sportives.

Pendant le temps calme ils réfléchissent, ils se préparent et se mettent au travail que dans la soirée en lisant les notes soignées et rangées que les collaborateurs ont préparés. Ils s'abstiennent de l'ordinateur encore moins des gadgets sophistiqués de communication préférant des dossiers, des documents en nature.

Le courrier électronique n'est pas nécessaire, le téléphone fixe est d'usage pour communiquer, la nuit en oiseau solitaire ils sont très vifs, ils travaillent et lisent abondamment pour enfin dormir à l'aube vers 3h 00 du matin ; voilà leurs profils de gens qui vivent de la supériorité de l'esprit sur la matière.

Ceux qui nous pourrissent les tympans en Occident sont dans une volonté de destruction active et agressive. Ils nient toute spiritualité, pour eux il n'y a pas d'esprit, seulement la matière, le monde terrestre dans une spiritualité inversée dans le temple souterrain.

Leur vie est virtuelle, plein des gadgets et de plaisir dans l'opulence et dans l'insouciance des uns et des autres. L'ordinateur, le smartphone, le compagnon de route sur chaque bifurcation, le sms et le courrier électronique à tout champ. Tous projets leurs est centré sur la manipulation, le conditionnement et le bizoutage. Le mensonge leur bataille de cheval sur tous les aspects de la vie, une seconde nature qu'elle respire comme l'on renifle une drogue à la longueur de séance.

Ces sont ses deux mondes qui sont entrain de faire la guerre dans l'échiquier mondiale. Tata KIMBANGU avait déclaré il y'a déjà 102 ans que « Le Noir deviendra Blanc et le Blanc deviendra Noir ».

Cette lutte-là se joue dans tous les coins du monde, avec de foyers précis dans les coins de l'hémisphère. L'empire décadente, le vrai empire du mal s'essoufle, ses ressources s'amenuisent, les pillages qu'ils faisaient à sa guise, à ses commandes au su et à la barbe des faibles ne réussissent plus jamais. La peur qu'il entrainât, s'est envolé, comme un mythe réparateur de salut de la vraie humanité.

Comme tout empire décadent, il essaie de sauver les meubles, mais le degré de la décomposition est déjà très avancé. La loi de la nature veut qu'il disparaisse, quel sera le prix ?

L'Egypte, la Perse, la Grèce, Rome sont passés en décomposition, les séquelles, les cendres aussi continueront la décomposition, car le processus est irréversible. La voie vers la fin de la partie passe par un changement de régime. Et les régimes faibles se trouvent à l'Ouest. Comme disait Louis Ferdinand Céline. « L'agresseur hurle qu'on l'égorge ! Le truc est vieux comme Moïse »

Le régime de Kiev fait du chantage en terrorisant l'Occident Collectif, la chair à canons commence à se raréfier, mais l'orgueil ne fait que des enchères. Les slaves orthodoxes veulent vivre, ils ne désirent plus servir la farce et la droite agressive. C'est un instinct de survie, plus de chair à canon à fournir. Ils commencent à chercher les réserves malades- accro.

Jésus-Christ leur avait dit « Vous avez pour père, le diable » Jean VIII ; 44

Ce qui leur fut dit hier par Jésus-Christ reste toujours d'actualités !

Le Père Esprit-Saint, Tata KIMBANGU Simon, Père de Christ et de ses frères héritiers l'avait bien martelé à plusieurs occasions : « NDOMBE SIKA KITUKA MUNDELE YE MUNDELE SIKA KITUKA NDOMBE »

La vraie justice de Dieu va remplacer l'hypocrisie et le mensonge qui a belle lurette pris assise dans le vécu de l'homme, cette nature pécheresse est appelée à la carbonisation. Les slaves orthodoxes ont été choisi pour purifier les mœurs de l'Occident, la libération passe par la décomposition. L'odeur nauséabonde sera pestilentielle. Prions ; prions abondamment, le 23.09.2023 est- ce déjà le début avec les Léopards Allemands ? Nicht Schießen !

14. BIBLIOGRAPHIE

1. De Boeck, Guy, Le crâne de Lusinga, Dialogue, 2018, Bruxelles
2. Caldwell, Christopher, The age of Entitlement, Simon & Schuster, Jan-2020, New-York, USA
3. Frederik To Gaste, la vérité sur les meurtres juifs, Éditions « Études Aryennes, 2018
4. Fwakasumbu Luwawanu, Adrien, La Prophétie Magistrale de KIMBANGU, Afrika Concept Editions, Avril 2019, Paris, France
5. Flurry Stephen & Al, L'Allemagne et le Saint-Empire Romain, © 2008, Église Philadelphienne de Dieu, USA
6. Dupré Marie-Claude et Bruno Pinçon, Métallurgie et Politique en Afrique centrale, 2000 ans de Vestige sur les Plateaux Bateke, Gabon, Congo, Zaïre, Karthala Éditions, 1997
7. Dr. Johnson John L., The Negro Rulers of Scotland and The British Isles, Johnson Books Inc., July 2020
8. Kimberly R. Norton, Black people are Indigenous to Be Americans
9. Messod et Roger Sabbah, Les Secrets de l'Exode, © Seld/Jean-Cyrille Godefroy, Octobre 2000
10. Nicolas Bonnal, Dans la Gueule de la Bête de l'Apocalypse, ©Nicolas Bonnal, 2021
11. Silutoni Francisco, KIMBANGU Simon, Dieu le Saint-Esprit, ZK-Concept Editions, Avril 2022, 2ième édition, Wroclaw, Pologne
12. Silutoni Francisco, Le Centenaire de l'Église Kimbanguiste 1921-2021, ZK-Concept Editions, Décembre 2022, Wroclaw, Pologne
13. Silutoni Francisco, Je suis Kimbanguiste, Fier de l'être, Ne Touche pas à Ma Foi, 2ième édition, ZK-Concept Édition, Torrazza Piemonte, Italie, Avril 2023
14. William Graham, Lister Randes, L'ancien royaume du Congo, de ses origines à la fin du XIX ièmesiècles, Éditions de l'École des Hautes Études en Sciences-Sociales, 2013

15. ANNEXES

1. Longi Dia Nsilulu Dia Tata KIMBANGU KiaSabala 10 septembre 1921 Ku Mbanza-Nsanda

Konso muntu wena ye nkayilu wa nsuasuana mu ludika kimbangi kia wunene wa Mvangi eto. Kiasabala 10 septembre 1921 kia kala lumbu kia mpila nkaka mukuma kia muntu wa ndombe.

Muntonono a sambu kia nsuka muwola ya vua(9h00), Tata KIMBANGU wa kota va fokola dia mandalala, zizi kiandi kala kia kafalala ; ntalani a sungidi, wavova kua nkangu ebu :

« Zimpangi zame, Mpeve wizidi kuntela vo e ntangua mu kiyekola kua minyadi yi lungidi mu mono. »

« Lutoma visa edi : mu nkangamami si mua yantika nzomono ye nzungu za lembua moneka mu mono kibeni ye mpe kua nkangu wa wingi wa bantu, kansi tukala kaka na kekete, kadi e Mpeve ya Tata Nzambi a Mpungu Tulendo kalendi kutu yambula ko. Yandi kayambulanga konso ndiona ukiveni mu yandi »

« Mfumu za luyalu si za nkanga ndinga mu kolo kia nda, kansi ka balendi vonda salu kiokio nsadidi ko, kadi kitukidi kua Nzambi wa Se dieto. »

« Ingieta, nitu a nsuni ame si yatulua mu mpila mvuezolo ye mpasi kansi kimpeve kiame si kia nuana ye makondua songa mu bantu bena mu nsi ya tombe, bobo bayiza mu kutu yala »

« I diodio yatumua mu kuiza kula minkangu mia kongo ye kanda dia ndombe diadio. Ndombe sika kituka mundele, ye mundele sika kituka ndombe. Kadi tifulu tua zi mpeve ye tua kadilu kia mavanga mambi bonso tuena wunu eki situa nukuka. Zi mbuta si za siamina mu nza. Nsi ya Kongo siyakala mu kimpuanza ye Afilika mpe »

« Kansi bidi kia mi mvu milanda lukulu lua Afilika si mia kala mia mpasi ye nzungu. Kadi nyadi mia ntete mia Afilika simia sadila mindele ye simiakala sadilua ya mindele. »

« Mvualangani ya nene ya kimpeve ye kinsunu siyamoneka », Mu ndongisila nzambi za mindele minyadi mia Afilika si miatuadikisa nkangu miawu mu zi mvita za ngemi ye mu vondasana. Mpasi ye nzungu zilembi vovakala siza kala »

« Zintuenia za zingi si zenda muwaa ye musosa luzingu munsi za mindele. Siba vova ndinga za mindele. Mu bawu, babingi siba bua mu luzingu lua kinsuni kia mindele. Siba kituka nkuta mindele. Babingi mukati kua bawu si bafua ye bankaka mu bawu kaba vutuka diaka monana ye bibuti bawu ko »

« Ntangua yanda si ya vioka yi bosi ndombe kena kola mu mpeve. Nkololo ya Mpeve yawu yena kumvana nzila mu baka kimpuanza kia nsuni. Bobo mbasi kilungana nsilu wa ntatu. »

« I nsilu wuwu muna yadila Ntinu wa nene wa kinzambi. Yandi sikiza ye lendo tatu : Lendo kia mpeve yo vo kinzambi, Lendo kia nzayilu yo vo Kimazayi ye Lendo kia Luyalu yo vo Kimayala »

Mono kibeni si yakala Mvuala ya Kintinu kiokio. Si ya vempola mvuezolo ya tuika kua ndombe tuka muna ntangua nda. Kadi mu makanda mawonsono ma nza, kavena kanda dia lutua sakanenua ye vuezelua ye zomua bonso nkanda ndombe ko »

« Lutatamana tanga bibila, mu sono ya bibila silua lenda suasakisa

mavanga ba bobo bayiza kulu natina nkanda wow oye nkadilu ya mbote

ya sunzulua mu kati kwa wawu. » … « Muivi kabakamenanga mu ntambi

ko, muivi kafuete bakama ye kima kina kayibidi. »

« Tuna baka nkanda wa masonokua manlongo wa beto kibeni, muna muasonama mansueki ma tadidi nkanda ndombe ye minkangu mia Kongo. »

« Nlongi siwiza tekela mvutukulu ame musoneka nkanda wow oye kubika ngizilu ya Ntinu. Yandi sika nuanisua kua mbandu ya ntanguandi. Kansi muna malembe malembe babingi siba visa ye landa malongi mandi »

« Kadi kondua kua nlongi wowo, nani sika longela ye kubika nkangu wa Kongo ? Kadi ngizilu ya Ntinu yena fuasakesa mu mfuilu ya ngolo, ye mukondua kua nkenda nkutu. Mu diodio mbote nkangu wa Kongo wa lubulua tekela ngizilu yoyo »

« Beno kelua visidi ntete ko nki yi mvita ya mpeve ? Mu ntangu a nkangu wa Kongo wena yantika mukikula mu mpeve, konso nsi yena telamena vo zoma nsi ya Kongo, nsi yina yena niafunua kua maza. Beno nate ye wunu kelua visidi eti ko e lendo kia bobo batumua kua Tata Nzambi a Mpungu Tulendo. »

« Nkia mfunu kua muntu mu telamena Tata Nzambi bu kiena vo mu lumbu kia lufua luandi, kana vo wena ye mvuilu ya yingi yabima kansi kena lenda nkutu ko mukikubikila konso lekua ko. Kaluzeyi ko munki muatuka luzingu lueno, ye mukuma nki luzingilanga ? Kadi zinga mu kinsuni yi bonso vo zinga mu nkatu. Mukuma kia nki ufuete vondela mapngi aku muntu ? Mu ntangua kua ngeye wena zinga ? Nzambi kena ntangua vo mbandu ko vo ye fulu ko wena mu ntangua ye fulu biawonso, wena Kalunga »

« Nkuna wa Kongo siwa vidisa lusansu lua wonso. Si wa vidisua malongi ye mavanga ya ba nkaka zani mulanda mavanga mambi ma bisi mputu. Nkangu wa Kongo kawuna diaka zaya e ndiatusulu ya nkuelelo ya nkulu zawu ko. Siba vidisa ndinga ya nsi'awu. Kieleka yilulubudi mulembi zitisa ndinga za ngutukulu, lufuete zo longa kua ban aye na ntekolo zeno. Kadi ku sentu ndinga za mindele siza vila. Tata Nzambi wa vana kua konso nkangu'a bantu ndinga yena nsinga wa mbila yo vo kiamvu kia nguizani »

Lukubama tua samba

Tusamba

Sambu kua yeno awonso zi Mbasi za kiandu kia kintinu kia Zulu, Nto za Zingu kieto !

Sambu kua beno Mbasi nsambuadi zikundanga ku lumbu lua Nzambi a Mpungu Tulendo !

Sambu ku vayikanga ye kudiukilanga e Ntangu'a !

Sambu ku Este ye ku Oueste !

Sambu kua ngeye Nzambi wa Mvangi a ntemo, Mbumba Lowa, Mpinda Nza !

Sambu kua yeno awonso zi Mbasi za Ntoto ye za Zulu !

Sambu kua beno zi Mbasi zawonsono ziyalanga Maza ye Tiya !

Sambu kua ngeye Ngudi a Muanda Kongo !

Sambu kua beno Mbasi zawonsono za Mvita ziyalanga Lumbu lua Kongo

Ngeye wena Nzambi ya Moyo ngieti kufiongonena ye kubombidika ntangu zawonsono mu nkumbu ya Menga matengoka ma zi Ntumua zeno za wonsono ye mvuezolo awu.

Yikulombele dio ye yikutumini dio, O Nzambi a Kalunga, Nzambi a Zola. Wiza ye Mbasi zaku za Mazulu ye za Ntoto mu tulula mabanza ma bubu meti tatamana vuezila zola kua kintinu kiaku.

Ndombele vo mvita ya bua diaka ku mputu mpasi nkanda ndombe wa sikama ye walenda diaka vutukila kimbuta kiandi kika wombesa tukila mu ntangua yanda !

Mukuma Kia salu ya Tambula va Ntoto !

Bika Lusakumunu dia Ngeye Nkua Lunungu ye Nkua Lendo Yakala Mu Mintima ya Bawonsono basonga Luzolo Lwa Mbote Musadisa Nkangu Wa Kongo.

Kwa Bawu Sibavueza Salu Kiame Mukuma Kua Kondua Nzayilu, Nduenga ye Mbakusulu !

Bika Tata Nzambi Wa Mvangi Wabalemvokila ye Bazibula Nzila ya Nzayilu.

Kua Bawu Sibabonga Mbele, Mintua, Nkele, Ndikila, Kindoki ovo Nloko Evo Konso Kwa Diela Mubebisa Nkangu Wa Kongo Mu Lufwa, ovo Muna Mpasi.

Bika Bawombela, kakala Mundele, Ndombe, Nkongo, Nluba, vo Mu Swahili.

Bika Babungwa ye Filwa Mu Boloko ya Kibubu ya Mpeve Kuzulu Mukuma Ma Menga Ma Zintumwa Matiamuka Ku Kongo, Afilika, Asia, Amerika ye Ku Mputu.

Bika Luwawanu Luaku Luazitisua ye Bika Wa Sakumuna Nkangu Wa Kongo ye Nkanda Wa Ndombe Wa Nsi Zawonsono Za ntoto. Amen

(INGIETA)

Ngiena Ye Lekwa Ko Mu Kulu Futa, Yandi Mosi Mfumu Sika Futa Konso Muntu Ye Muntu !

2. Mvovo'a Tata KIMBANGU. Kua BaMpelo Batuka Kisantu Kuna Boloko dia Élisabethville le 17 août 1922

Tata Kimbangu yandi vo : « Nsi ya Kongo si yakala Kimpwanza kiantete ye kianzole kadi nsilulu zena. Ntinu wa ba belezi una kota boloko, kansi una vayika mu ngolo za tata Nzambi. Kimpwanza kiokio kiantete si kiabakama mu ngolo za Tata Nzambi. Ndombe si kakula mundele mu ntoto andi. Bimangu biabingi si biamonika. Mindele si miazakama mu ndombolo ya Kimpwanza kiantete. Nkakumusu zazingi si zakala, kansi ba kiasolwa mu nsamu wowo Bana nunga Kaka kadi Bena kala ye lendo kia tata Nzambi : kadi nsilulu zena za Tata Nzambi. »

« Muana Kongo wumosi si kakala ntuadisi mu kimpwanza kiantete ye si kakala ye dimbu kia Kimpeve mu ntim'andi. Sikasolua kua Tata Nzambi mu kala ntuadisi a mvita, kadi ntantu (satana) si kakota va Kati kua zimfumu. Idina Kimfumu sikia bakua kua nzenza. Si kakala mpe Mungizila. Luyalu luandi si luakala mpe lua banzenza, ba Mingizila mu Kongo. Mfumu yoyo si kavilakana kanda Dia Bakongo, si kakala ye luyalu lua nkosi lua lendo ye ngolo. Si kayala mvu miamingi béni ye sikasala tuyalu tuatuingi ye nsobolo za Mambu mamingi nateye nkumbu ya nsi a Kongo sikasoba yo, kena Zola katuka va kiti kia Kimfumu ko.

Kansi mbanunu andi siyakala ya mpasi, kiadi ye nsoni, nsi ya Kongo si yabeba mu biawonsono. Mpasi, kiadi ye nsoni, nsi ya Kongo si yabeba mu biawonsono. Mpasi sizakota, bantu si badila kua Tata Nzambi, mvita si zavutuka. Kansi si katamanana Kaka va kiti kia Kimfumu. Kimvwama kia nsi a Kongo si kiakituka kia Mingizila.

Sibasakanana mbongo bonso bubazolele. Mfutulu za bantu sizakala za mpasi beni. Kimwivi sikiakala kia ngolo beni. Mabundu mamingi si mavilakana Klisto ye Bena sadila Satana mu nkumbu ya Klisto.

Zi nzila siza beba ye ma kompani mpe si mabeba Kumosi, biawonsono sibia vualangana. Mbongo mpe si zabeba. Kansi ndilu siyakala ya mbote fioti mu ngolo za tata Nzambi.

Mvovo miami ka milendi sa luta ko ovo Mambu momo ka mavangamene ko. Mono si ngienda Ku nsi ya nda kansi si ya vutuka Ku Kongo »

« Mindele si Mia nsonsila lufua kansi ka bena nungako. Mu diodio lusadila Tata Nzambi mukedika, lulosa mavanga ma tombe, babingi si ba sadila nkumbu ame mu kedika ye mu luvunu kansi si lua Ku bazaya mu mavanga

Mawu. Mvambanu ya ba nzenza i savo ba Mingizila si ya kala ya mpasi beni, ba kiasolulua mu nsamu wowo si ba nunga Kaka mpeleko mu mpasi beni mu ngolo za Tata Nzambi. Mvambanu yoyo i savo kimpwanza kia nzole ntuadisi umosi si kavayika mutuadisa nsamu wowo kansi babingi ka bena Ku muwila ko, ba fioti Kaka bena Ku muwila ye nkulanda. Mbadukulu andi si ya kala ya mpasi beni mu zi nkuamusu ye maboloko mpe kansi mu lendo kia Tata Nzambi si ka nunga Kaka mu ngolo za Tata Nzambi. Yandi si kasala luyalu, si kasonga bimangu mu ndombolo a kimpwanza kia nzole mayangi ye ndembu kua bena kubama ».

« Bamingizila ye besi nsi ya Kongo si ba sala kundi ye kakidila nsi yayi kansi mpamba mu mpamba, ka bena nunga ko kadi nsilulu zena. Kiadi beni si kia kala kua konso muana Kongo una kakidila Nzila yoyo kadi tumbu si ka baka kia mavanga mandi. Mudiodio lutatamana mu sambila Tata Nzambi mu kedika, kadi tala ntangu buyifueni lendo kia nsisi si kiakala kua ba kiasolua. Bamingizila si ba kulua mu ngolo, ba nkaka si ba fua kadi

Bena sisa mvuilu zau zazonso, lutoma dio zaya vo diena Dia kieleka, ngiendolo ya mindele mu kimpwanza kia ntete si ya kala ya mbote beni, kansi ka ngiendolo ya Mingizila ko ».

« Ngitingila yoyo bu yi manisi, bakiasolua si ba tunga nsi bua mbote ye vanga luyalu lua mbote ye nsi ya Kongo si ya vuvama. Ovo Kongo divuvamene mu biawonsono, Afilika (Afrique) mpe si Dia vuvama ye kanda Dia

Ndombe si dia temoka ye ndombe si kakuma mundele nsi za mputu i nsi za pauvres kuandi. Ndombe si kakala ye ngangu mu sala bima bia mpila mu mpila. I dina lutatamana mu sambila, mukedika, lulosa mavanga matombe, lukuikila mu Tata Nzambi ye lunsadila mukedika kia ntima mieno.

Mvovo miami kami lendi luta ko vo kamavangamene ko, Zola nsi aku sadila yo mu kedika »

3. Moka dia Tata Kiansumba Jean, Tata Kimbanzia Thimotée ye Tata KIMBANGU Simon Lumbu kia 27 juin 1944 Ku Elisabethville

Mono Kiansumba Jean, ngizidi vunda kuaku Elisabethville. Tuamonane ye mband'ami 1er Sergent-Major Kimbanzia Thimothée. Ngeyi vo Mfumu'a wantu Bakongo bawonso kuaku ku ntandu-e ? Yandi vo Ingeta.

Mono vo : Nzolele ya mona muna meso mame Mbuta Muntu.

Yandi vo : Nsiku, kansi mu monana ye Mbuta Muntu (Kimbangu) Ufueti lomba luve kua Gouverneur de province dia Katanga. Monsieur Lamboraire, nkuluntu wa mfumu ami ya kisalu wa ndata mu vunda ku Elisabethville). Ya luaka kua yandi ye wa mvana luve mu monana ye Mbuta Muntu (Kimbangu) mulumbu ya makumole ye nsambuadi. 1er Sergent Major Kimbanzia wa kala yeto ntuadi, masoda matatu. Moka zeto tuka ntangu'a 16 h 00 te ye hola18 h 00.

Mama i mambu mama kavova yandi kibeni Mbuta Muntu Kimbangu Kua Mbuta Kiansumba Jean.

Muna ntangu yina, Tata Simon Kimbangu wizi vuilu kua mpeve, wasadidingi ku Société Mbila comme huissier. Wakala ye mabanza mu kuenda tala ngudi andi ku vata, mu nzila ya Nsanga. Wayenda luaka kuna vatadi'andi ku Nkamba. Wayantika sambila ye niakisa zimbevo.

Nsamu bu wamuangana kua BaKongo, bantu bayantika kuenda kuna Nkamba, fi vata fia fioti. Wayantika sambila mu 1919. Muna 1921kisalu kizidi kia kianene. Kisalu kiayisa kinene. Luyalu wafila mundele mu zaba nkia salu kiena kuna. Bu bayenda, ka mona kima kia nzenza ko. Bantu bena sambila ye zitisa nsiku mia Luyalu.

Kansi nzininu ya moneka, mfumu za kuna zunga kina, mfumu Mpiodi kuna Pozo ye mfumu Makitu kuna Ngombe-Lutete, bakutakana ye bayiza ndomba vo yafutidingi mpaku, kadi beto kaba kutuzitisanga ko.

Basola bantu bankaka munata nti vana ve basambidilanga. Mu nima, bafila muntu kuna Thysville kua luyalu, mpasi kiza tala mambu bena sala. Luyalu wafila mundele, Monsieur Alphonse ye kalaka diandi Lundoloka (mundibu), ye masoda. Wa yenda luaka, ba mona vo makieleka. Bavutula nsamu ku Thysville.

Baluaka kuna Nkamba, Tata KIMBANGU Simon ke bambuana ko, wayenda mu zunga kuna Mbanza Ngoyo, pene-pene ye Nsanga.

Bayenda ku nsosa, ka bamona ko. Tata Simon KIMBANGU wayenda yandi kibeni kuna Thysville, kondo kua kangua. Kuna bankanga kue luyalu.

Mungindu za luyalu, nga ka kangama ko mu diambu kia kingunza, kansi wakangama mu bungu dia ndomba za luyalu.

- Mona kia kangu kue luyalu ko, kansi mono ya yekolua kua mpangi zame mfumu Makitu ye mfumu Mpiodi. Kansi bilumbu bia fiuma bisidi mono si ya lomba kua S'ame kidi ngienda kua S'ame. Kidi luena lomba Kimpuanza. Mono ngiena kamba kua Mbasi, Mbasi bena vutula kua mono, mono giena vutula kua beno ye luena kio baka mu nzaki.

Tuka ya kangama, babonsono ba kota mu dibundu dia Mpelo ye kota mu luvuezo. Kansi kuna mona vo nkumbuame yena kituka nkanda-nzila ye una mona zi nzo za Nzambi za ngituku ye kinkwikizi kia nsisi ku zunga kia Ngombe-Matadi, kansi bena sambila mu ngolo ye kimpeve, kadi ba vulusua kansi kinga, O, la lekwa kadi bau kibeni bangiekola, bena kaka va fulu kia Yuda, kadi Yuda wena nyekodi wa Mfumu ezo ; bau mpe vena kaka va fulu kia Yuda.

Bue luena lomba Kimpwanza, bue luena baka Kimpwanza, mono ngiena zayisa Mbasi, Mbasi bena zayisa Saame, ye Mbasi bena zayiza mono, ye mono ngiena ku luvana.

Una mona mundele wena vutuka ku nsi yandi, wena tina mu tembo kia nsisi. Bena tina mu malu ye vena zimbakana bima biawu. Ye si luamona, mu beto ba ndombe, mutu mosi wena ka tuvayikisa mu moko ma mundele.

Wena kaka mfumu ya ntete ya mbote. Kansi ka luna kunzola ko, ye ka luana ku nlunda ko ye wena manisina mu lufua lua nsoki. Ye kuna kala mfumu ya nzole.

Muivi, ye nkua nsoki, ye kuna mona bana ka bena zitisa diaka ma se ye zingudi ko. Ye buivi bua buingi mu nsi ya wonsono, ye mbanganza ya mapela, (famine), ye nsi yena kala ya mbi beni, ye ka kuna kunzola diaka ko. Ye luna ku nkula mu mpasi ye mu nkuetoso a meno.

Mfumu ya ntatu una kota, kena zingila ko, ye nsi yena kabana mu bikunku bisambanu, ye luna ku nkula

Bu luna lomba Kimpwanza, ka luyiyi bima ko, kadi nkua kimfumu ntangu ina una kala mfumu a ntoto ye ya bantu. Una kala mfumu a mbongo, yandi wena kala mfumu a nkindu ye mfumu a lufwa ye mpasi.

Bantu basumbua bafueti katuka ye vutuka kua tuka mianzi miau bosi ba basololua mfumu a kanda.

Kuna se ntu, nsi eto, ya beto bakongo, ka muena kala muntu'a boloko ko muna batantu ko.

-Mbatantu, i nkia kima - e ?

-Ba mbuta zeto, bu bakala, buna vo zolele baka kima kia nzenza (mbongo ye bima bia nkaka ye kimwuama), bu kavuemi, yantikidi mu sumba muntu, kadi kimwama kiawu babakidi kio mu nata bima wa mbatantu, ye kua kiti, ye kueteki. (Buna mu mbongo kabeki mu salu kiokio) sumbidi muntu ye kumbutidi ko, kansi weka muan'andi wa mbata-ntu ovo muna mbongo, yovo muntu wa nsumba.

Kansi mpeve ya ngolo ya kuiza, ka mosi ko wena sala mu kimumbu. Mpeve ya ngolo yena kuiza, muntu-muntu ena vutuka vana vena mianzi miandi.

Luna mona ye luna wa : nkua keto ubutanga nkua nsoki.

- Nkua nsoki ubutanga Mvondi.

-Mvondi ubutanga Kiadi.

-Zola ubutanga yenge - Yenge ubutanga Kimpangi - Kimpangi ubutanga Kiese.

-Kua mabanza mambu ubutanga luvunu- Luvunu ubutanga muivi - Muivi ubutanga Mvondi - Mvondi ubutanga mpasi - Mpasi ubutanga Kiadi ye nkuetoso a meno ye nsukulu a nza.

Ekuma, lukala ye zola, zola ubutanga yenge - ye yenge ubutanga kiese ye kiese ubutanga Luyangalalu.

Traduction en français

Je m'appelle Nkiansumba, je suis venu ici Elisabethville par le biais de mon patron pour un congé. J'ai vu mon beau-frère, le 1er Sergent Kimbanzia Thimotée qui était alors le président de Bakongo d'Elisabeth. À la question de savoir, comment pourrai-je voir de mes propres yeux avec Papa KIMBANGU.

Il me répondit que c'est possible sous certaines conditions, l'aval du Gouverneur de la province de Katanga. Mr Lamboraire est proche de celui en sa qualité de frère-ainé au Gouverneur. Il est mon patron, je lui demanderai sa faveur.

Je suis allé voir Monsieur Lamboraire, par ses faveurs, nous avons eu la permission d'y aller visiter Papa KIMBANGU à la prison, le 27 juin courant.

Lors de cette visite nous étions, Moi Nkiansumba, mon beau-frère Kimbanzia Thimotée avec deux soldats. La permission pour la visite à la prison était pour deux heures(16h00-18h00)

Ceci est le témoignage des paroles de Papa KIMBANGU à mon beau-frère Thimothée Kimbanzia Jean.

En ce temps moi, KIMBANGU Simon était revêtu par l'Esprit, je travaillai comme huissier chez HCB. J'ai eu l'idée d'aller visiter ma tante Kinzembo au village.

À mon arrivée à Nkamba, alors un petit village j'ai commencé à prier, les prières ont commencé en 1919. En 1921 l'œuvre est devenue grandiose. Les autorités envoyèrent un blanc pour venir s'enquérir de la situation. Quand ils sont arrivés ils n'ont constaté aucune anomalie, rien d'étrange, juste les gens priaient et respectaient les lois de l'Etat.

Mais de la jalousie s'est pointée chez les miens, ceux de ma contrée c'est ainsi chef Mpiodi et chef Makitu allèrent d'abord informer les blancs de Ngombe-Lutete. De leurs rencontres, ils sont venus me demander si je payais les impôts, car nous sommes souvent malhonnêtes.

Ils choisirent d'autres personnes afin de transporter du bois (arbres, sticks) au lieu de prière. Ils les envoyèrent à Thysville pour attendre la réactions des autorités. Les autorités envoyèrent Monsieur Alphonse, accompagné de son interprète Lundoloka du tribu Ndibu.

Ils sont arrivés et ont vu rien que la vérité. Ils informèrent les autres autorités à Thysville. Quand ils sont arrivés à Nkamba, ils ne trouvèrent point Tata KIMBANGU Simon. Il était en déplacement à Mbanza-Ngoyo près de Nsanga. Ils allèrent à sa recherche là-bas, ils ne le trouvèrent point.

Tata KIMBANGU Simon est allé lui seul à Thysville sans se faire arrêter par l'autorité. L'idée maîtresse des autorités était de ne pas l'arrêter sous le motif de prophète, mais plutôt offenses et insubordination au paiement des impôts. Tata KIMBANGU Simon avait son « Ndomba [4]» c'est-à-dire son gage de preuve de paiement.

À la question, pourquoi avez-vous été arrêté ?

« Réponse de Papa Simon Kimbangu » : Je n'ai pas été arrêté par l'homme blanc, je m'étais rendu moi-même car j'avais été trahi par mes frères Makitu et Mpiodi.

---

[4] "NDOMBA" est un gage acquis de l'autorité, comme symbôle de paiement de l'impôt

Depuis mon arrestation, la majorité des gens de ma contrée a été convertie au catholicisme, mais c'est pour rentrer dans l'asservissement car c'est un instrument du colonialisme et du racisme.

Mais vous allez voir que mon nom sera très grand et le monde entier viendra dans la contrée de Nkamba pour rechercher mon nom et l'on construira des temples extraordinaires et cela entraînera une croyance extraordinaire en Jésus Christ.

Dans la contrée de Ngombe-Matadi, vous verrez des grosses bassines se remplir avec de l'argent de tous les pays du monde entier.

Cependant les populations de cette contrée devront prier très fort, plus fort que les autres pour être sauvés car ils m'ont trahi. Ils sont pareil à Judas car ce dernier a trahi Jésus »

Mais il reste peu de temps, je demanderai à mon Père d'aller le rejoindre afin de vous donner l'indépendance totale pour toutes les nations noires. Il reste peu de temps pour que cela se réalise, car je demanderai aux anges et ces derniers le feront à mon Père, et ainsi je vous l'accorderai.

Question des visiteurs :

« A propos, ce que tu appelles Indépendance, n'est-ce pas un rêve ? Et Comment demanderez-vous l'indépendance et Comment l'obtiendrez-vous ?

En vérité je vous l'affirme, je m'adresserai aux anges qui à leur tour transmettront à mon Père. Ils me le diront et Moi, je vous l'accorderai.

Vous verrez les blancs rentrer chez eux. Ils fuiront ou seront pourchassés par une forte puissance qui les fera partir à pied abandonnant tous leurs biens. Vous verrez parmi nous émerger une personne qui nous sortira du joug colonial, il sera bon, mais vous ne le suivrez pas et il sera assassiné.

- Et vous aurez un deuxième Chef il sera voleur, rancunier, méchant, la dépravation des mœurs envahira les mentalités, les enfants ne respecteront plus leurs parents, vous verrez l'exacerbation du vol et une grande famine entraînant un climat d'insécurité dans le pays. Vous le détesterez et le chasserez avec hargne (grincement des dents).

-Le troisième Chef entrera, il ne régnera pas longtemps, et le pays sera divisé en 6 parties vous le chasserez.

Quand vous serez libéré, abstenez-vous du vol, car le Responsable du pays, à ce moment-là, sera un chef de terre et du peuple. Il sera aussi un chef d'argent et de guerre et aussi un Chef de la mort et des grincements de dents.

Les esclaves regagneront leur terre, ainsi ils seront appelés Chef de famille, chef de clan. Dans l'avenir, dans notre pays surtout dans la contrée de Kongo, personne ne sera esclave. A l'époque, nos ancêtres, pour se procurer l'argent et la richesse, se livraient à l'achat d'esclaves pour transporter leurs biens aux fins de commerce. Avec l'argent gagné, ils se procuraient des transporteurs ou des esclaves. Mais, par une forte puissance, personne ne restera dans l'esclavage. Les esclaves regagneront leur terre d'origine, et réintégreront leurs racines. Le Père Esprit-Saint viendra pour libérer les esclaves.

Le mauvais esprit engendre le rancunier,

- le rancunier engendra le méchant,

- le méchant engendrera le meurtrier,

- le meurtrier, enfantera la tristesse

En revanche l'amour engendre la paix

- la paix génère l'amitié

- l'amitié procure la joie

Mais sachez, comme je viens de vous le dire que :

- L'homme de mauvaise pensée engendra le mensonge

- le mensonge enfante le voleur

- le voleur engendre le meurtrier

- le meurtrier produit la souffrance, la tristesse, la haine et la fin du monde

Ainsi rechercher l'amour qui est source de joie, de paix et d'allégresse et aussi qui entraine le bien-être de la communauté.

4. Analyse sur les Prophéties du Nouveau Président Du Congo Selon les Oracles de Papa KIMBANGU Simon

Est-ce que Dieu est-il un homme pour mentir ou un fils d'un homme pour se repentir ? Ce qu'il a dit, ne le fera-t-il pas ? Ce qu'il a déclaré ne l'exécutera-t-il pas ? Nombres XXIII,19

Excusez-moi de briser mon silence car l'heure est vraiment grave. Je m'étais juré de garder le silence après avoir constaté la naïveté (excusez le terme) de notre peuple vis-à-vis de nos politiques égocentriques.

Aujourd'hui, je tiens ma plume pour exécuter un ordre divin...Vous allez tout comprendre en lisant mon analyse. Que sont devenues toutes les prophéties concernant l'Oint de l'Eternel qui est le grand roi divin dont a parlé tata KIMBANGU Simon ? Avant les fameuses élections de Corneille Nanga, nous avions vu des femmes et des hommes nous parler de la part de Dieu concernant celui qui va diriger le Congo...Est-ce Dieu s'est trompé ? J'ai suivi avec beaucoup d'intérêts toutes ces prophéties et je vais faire une analyse objective pour éclairer lanterne du peuple congolais et surtout de ces femmes et hommes qui ont prophétisé de la part de Dieu, concernant l'avenir politique de notre pays la RDC.

Je vais aller droit au but en posant la question sur le nouveau président que certaines personnes appellent « le président nommé » Félix Antoine Tshilombo Tshisekedi, est-il le grand roi divin dont a prophétiséTata KIMBANGU Simon ? Est-il réellement le cinquième président de la RDC ? Si je me base sur la prophétie de tata KIMBANGU Simon, ce grand roi divin viendra pour libérer le peuple noir en général et le peuple congolais en particulier, notre question est de savoir : est-ce le cas pour Fatshi ? Ce grand roi divin aura 3 pouvoirs

- Politique
- Scientifique
- Spirituel

Est-ce que Fatshi a ces trois pouvoirs ?

Toute vérité est réalité mais toute réalité n'est pas nécessairement la vérité, disait mon père, un sage Ne-Kongo qui était fier d'être ressortissant de Bena-Kongo.

Je souhaiterai me pencher un peu sur le troisième pouvoir que possédera le grand roi divin. Si Dieu est esprit, il faut que ceux qui le servent puisse le servir en esprit et en vérité. C'est la raison pour laquelle l'aspect spirituel est très important dans la politique de notre pays, car toute autorité vient de Dieu, n'est-ce pas ? Est-ce que Fatshi parce que c'est de lui qu'il s'agit, est-il un homme spirituel ? Je vous laisse l'attitude de répondre à cette question.

Le Congo qui vient du mot kikongo « Kongo » veut dire « Dieu ». Si Dieu est Esprit donc le Kongo doit aussi marcher selon l'esprit, n'est-ce pas ?

Dans la majorité des prophéties que j'ai suivi et entendu, j'ai retenu le nom de David. Certains l'appelaient « le David congolais » pour stigmatiser l'Oint de Dieu qui va diriger la RDC.

Or l'histoire de David, nous retrouvons le roi Saül (roi choisit par le peuple et pour le peuple) mais David est le choix de Dieu lui-même. Dieu va promettre à David de régner sur le peuple d'Israël juste après le roi Saül ? Curieusement après la mort du roi Saül, c'est son fils Isch-Boschetch qui va le remplacer aussitôt.

Est-ce que Dieu avait-il menti ? Où s'est-il trompé en disant à David par l'entremise du prophète Samuel que c'est lui qui allait remplacer le roi Saül ? Non ? Car Dieu n'est pas un homme pour mentir ni un fils d'un homme pour se repentir comme le dit la bible.

J'aimerai par cette analyse apaiser le cœur de ces femmes et hommes qui ont parlé de la part de Dieu, en disant ceci : « Ne soyez pas troublé ni découragé car Fatshi n'est pas le cinquième président ni le grand roi divin mais juste le pont que Dieu est mis entre le président sortant (roi Saül) et

Le Grand Roi Divin (David congolais) dont a prophétisé Tata KIMBANGU Simon.

Pour être très clair, Fatshi est le Isch-Boscheth du Congo comme la bible nous le dit dans 2 Samuel III

Alors qui est David ?

David est un vrai combattant, un polygame, un exilé politique et un prophète de l'Eternel. Donc un Oint de l'Eternel qui est né et venu au monde pour diriger le peuple de Dieu de partout dans le monde.

Mes chers compatriotes, je ne suis pas un homme de Dieu, mais j'ai compris une chose aujourd'hui. « La RDC », notre pays est le pays choisi de Dieu, par Dieu et pour Dieu.

C'est la raison pour laquelle je me suis permis de faire cette analyse, car je sens la colère de Dieu sur notre pays. Celui(celle) qui a des oreilles pour entendre la trompette de l'Eternel qui sonne !

Peuple congolais, croyez en Dieu, croyez en son Oint qui est le grand roi divin et vous serez libéré de ce système du régime d'occupation étrangère.

Je viens de faire ma part et je vous demande de faire de même. Que Dieu puisse avoir pitié de nous. C'est ma petite contribution dans le cadre de l'éveil patriotique.

Que Vive le Grand Roi Divin !

Que vive le Kongo !

Analyse politique Pierre Mbambu Mayala

Daté du 21.01.2019   09h42 am   Rubrique-Politique

www.sangoyacongo.com »

Jeudi, le 15 mai 1997, à 17h00 heures de Kinshasa, deux jours avant la chute de son régime, le président Mobutu Sese Seko reçu dans sa résidence de camp Tshatshi, trois invités : Monsieur Sokoni Louis, ancien secrétaire particulier et confident de Patrice Lumumba, Monsieur Djemi Muembo, ancien directeur de la francophonie à Paris, Monsieur Mumba Etumba Jean-Pierre, cadre de la JMPR, ancien opposant qui se réconcilia avec ce dernier le 12 mars 1980 à Bruxelles.

Ils causèrent avec les trois messieurs de ce qui lui tenait à cœur et par après il prit à part Monsieur Mumba Etumba Jean-Pierre et lui dit ceci en guise de testament :

« Tout ce que vous m'aviez dit s'est réalisé. Es-tu prophète ? Je t'ai appelé pour te laisser mes dernières volontés, au cas où je ne serai plus en vie. Ce que je vous dis, vous le publierez seulement 15 ans ou 20 ans après ma mort. Ce dossier est le suivant : Comme nous sommes ici assis, les blancs se sont déjà partagé le Zaïre, notre pays. Pourquoi seulement notre pays le Zaïre et non les autres pays africains ? Les blancs n'ont pas besoin des autres pays africains. Seul le Zaïre.

Le Zaïre, notre pays est la terre promise, Moïse de la bible s'était trompé de chemin, il est allé sortir sur une autre destination. Nous les Zaïrois nous sommes de sous-hommes, des ratés, nous ne méritons pas ce pays. Ce pour cela ils doivent nous faire disparaitre de ce monde, aux yeux des blancs.

Ceux qui ont fait le partage du Zaïre sont :

1. Bill Clinton, États-Unis
2. François Mitterrand, France
3. Helmut Kohl, Allemagne
4. Margaret Thatcher, Grande-Bretagne
5. Roi Baudoin et son 1er Ministre, Belgique

Ces 5 présidents ont bâti un laboratoire, où ils ont installé des savants blancs. Ces savants étudient comment ils vont réaliser ce projet. L'endroit où ce laboratoire est érigé ne pas encore élucider. Si aux États-Unis, en Grande-Bretagne, ou en Allemagne, je ne connais pas, mais du moins quelque part en Europe.

Les Américains ont pris l'Est, le Kivu (Nord-Kivu, Sud-Kivu, Maniema) et la province orientale (le Haut-Zaïre), les Français ont pris le Katanga (Shaba) ; les Allemands ont pris le Bandundu et le Bas-Zaïre ; les Anglais ont pris le deux Kasaï (Kasaï occidentale et Kasaï orientale), les Belges ont pris l'Équateur, Kinshasa et Mayindombe. Pourquoi Mayindombe ? Mayindombe est resté sous le chef de Léopold II après qu'il a eu cédé l'État Indépendant du Congo à la Belgique. En 1960 quand nous avons accédé à l'indépendance, nos politiciens !

Ils vont assassiner tous les politiciens, tous les hommes d'affaires, des chefs coutumieux, ils vont raser tous les villages, mes généraux tous qui m'ont trahi, ils seront tués.

Ils vont introduire une poison pour détruire la jeunesse, la rendre perverse et insensée. La jeunesse engendra des voyous, des bandits, des criminels, ils vont créer l'insécurité dans tout le territoire congolais.

La CIA a inventé l'Église de réveil, ces églises seront implantées partout pour paralyser, endormir et distraire la population. Alors ils vont remplacer les congolais par les nilotiques. Laurent Kabila qui est en train d'y venir, il sera tué, ils ont fait un programme de trente ans pour réussir la balkanisation du Zaïre. Comme complice on a :

- l'ONU

- l'OUA

- Les Organisations de Droit de l'homme

- La Communauté Internationale

- Tous les Pays Limitrophes.

102

Nous serons tués, maltraités et pourchassés dans tous ces pays, en Angola, au Congo-Brazzaville, au Centre-Afrique, nous serons exterminés comme les peaux-rouges les ont été en Amérique.

Ils vont crée un monde dans un monde pour un monde des mondes. Moi je m'en vais, vous me regretterez, vous vous souviendrez de moi »

Voici le testament que le Maréchal Mobutu m'a laissé, aujourd'hui je crois il est temps d'en divulguer le contenu. Nous voyons tous ce qui se passe dans notre pays. Je me fais le devoir de le faire pour m'acquitter de cette promesse.

Mumba Etumba Jean-Pierre

Ancien cadre de la JMPR en Belgique et opposant de longue date à ce dernier.   Novembre 2017

6. Rencontre entre Tata KIMBANGU et le Général De Gaulle.

Dans le cas du Congo Brazzaville, lorsque Tata KIMBANGU Simon était en prison à Thysville, actuel Lubumbashi, dans les années 40, la France était sous occupation allemande.

Le Général de Gaulle était obligé de s'exiler en Grande Bretagne. Son champ de manœuvre étant très limité, il décide de se réfugier en Afrique. Il choisit le Sénégal. Malheureusement, il y sera reçu à coups de canon avant que le bateau ne reprenne le large. Déçu, il met le cap en direction du Congo-Brazzaville où il sera accueilli à bras ouverts. De plus, Brazzaville sera proclamée « Capitale de la France libre » où le général De Gaulle prononcera son célèbre discours en 1944.

La Couverture De La Libération De la France Par Les Africains

Le Général de Gaulle, comme un grand homme d'esprit, a jugé que seul un « homme » pourrait arrêter les Allemands dans leur folie de pouvoir contrôler le monde. Ensuite, le Général de Gaulle a fait une demande au roi des Belges. Une demande qui serait incroyable pour certains mais normal pour d'autres, par exemple le Roi des Belges.

Sa demande était : De pouvoir parler au détenu Tata KIMBANGU Simon mais à Brazzaville. Le roi des Belges accède à sa demande. En outre, il ordonne au ministre de la colonie d'emmener Tata KIMBANGU Simon, enchaîné, à Brazzaville. Ce fut fait. Mais il y avait un dilemme, celui d'un interprète qui saura tenir sa langue.

On trouva un jeune de Boko, intelligent, discret, respectueux et aimé de ses patrons. Nous aimerions signaler, au passage, que le jeune homme deviendra plus tard secrétaire général de l'EJCSK (Église Kimbanguiste) pendant des décennies.

Les pêcheurs ont remarqué une pirogue avec des soldats qui se dirigeaient vers la rive. Quand la pirogue accosta, les pêcheurs virent parmi les soldats un homme Blanc habillé en civil et qui semblait être le chef et un Noir portant des chaînes. Tout le monde s'est ensuite rendu à la maison de de Gaulle.

La Conversation Entre Tata KIMBANGU Simon et Le Général De Gaulle

Selon le protocole, le ministre de la colonie belge a été reçu avec le prisonnier Tata KIMBANGU Simon. Le Général de Gaulle salue Tata KIMBANGU Simon en lui disant qu'il voulait lui parler, que c'était la raison de sa présence et de son déplacement. Tata KIMBANGU Simon fait cette réplique au Général français : « Comment parler d'un chat si je suis enchaîné et que vous êtes libre, ce n'est plus un chat. »

Le Général de Gaulle trouve cela juste et demande au ministre des colonies belge de lui ôter les chaînes. Ce dernier répond que c'est impossible.

S'ensuit une dispute tendue entre les deux hommes, le Général de Gaulle menace d'appeler le Roi des Belges pour se plaindre de son comportement. À la suite de ce petit chantage, le ministre belge cède.

La Demande Du Général De Gaulle

Mon pays est envahi par les Allemands. Je vous demande d'en interdire l'occupation et d'expulser les Allemands de mon pays. Vous seul pouvez le faire. Trois fois de suite, Tata KIMBANGU Simon demande à de Gaulle s'il était sûr qu'il pouvait le faire.

Le Général de Gaulle dit « oui ». Tata KIMBANGU accepte en posant une condition. « Si je peux réaliser cette condition alors elle te sera accordée. » dit de Gaulle.

« Vous vous engagez à accorder l'indépendance à ce pays à la date et à l'année que je vais vous communiquer. » Compte tenu de la cause défendue par le Général de Gaulle, cette condition lui semble acceptable. Donc il accepte sans hésitation. Mais Tata KIMBANGU Simon lui dit de l'écrire sur papier et de signer. Ce que le Général de Gaulle fût. Tata KIMBANGU Simon lui tend la main et le Général de Gaulle lui donne l'engagement signé de sa main.

Tata KIMBANGU Simon fait la recommandation suivante : « Vous devez recruter des soldats dans chaque colonie pour former une armée purement africaine ». Le Général de Gaulle dit à Tata KIMBANGU Simon qu'il avait une armée de soldats bien entraînés. Tata KIMBANGU Simon lui fait remarquer qu'il avait dit auparavant qu'il comptait sur lui pour libérer son pays.

Comme un enfant surpris faisant quelque chose de stupide, le Général de Gaulle répond « oui ». Tata KIMBANGU Simon lui dira plus tard : « Je me battrai à travers ces soldats africains pour libérer leur pays ».

Tata KIMBANGU Simon voulait que les Français aient une grande dette envers leurs colonies en général, et avec la colonie du Congo Brazzaville en particulier.

Pour preuve, toutes les colonies françaises étaient exemptées sauf Congo Brazzaville. Nous parlons d'une armée africaine conçue à Brazzaville, la capitale de la France libre.

Tata Simon KIMBANGU était arrivé enchaîner à Brazzaville, il est parti à Kinshasa libre, sans les fers.

Lorsque le temps est venu de discuter des Accords d'Indépendance du Congo Kinshasa à la table ronde en Belgique, pour ceux qui ont déjà vu quelques photos de cet événement historique, vous aviez certainement repéré le père Fulbert Youlou au deuxième plan.

Que faisait un Congolais de Brazzaville là où était traité l'avenir du Congo voisin ? Un Congolais de Brazzaville qui était présent dans deux événements historiques au Congo-Kinshasa.

De toute façon, les plus intelligents ont compris pourquoi l'abbé Fulbert Youlou avait accédé à la haute fonction suprême, de la même manière que son ami et frère Kasa-Vubu à Kinshasa. »

LUFUA LUA TATA SIMON KIMBANGU KUNA ELISABETHVILLE MUKIA LE 12 OCTOBRE 1951

Bu tozolele zaya bonso buena buwalutila lufua, Tata Simon KIMBANGU i Ntumua a Mfumu eto Yisu Klisto, tufueti zaya vo yandi ku boloko kakala mu lubangamu lua luyalu lua ba Flamands (Besi Belgique).

Mu le 15/9/1951, i date yoyo yavayika nkento a Tata Kimbanzia Timothée ku l'Hopital kukota mukuma kia buta ku maternité. Mu date yoyo yavaiyika tata Kimbanzia ku l'hopital, nleke andi tata Manangu Samson wakota diaka ku l'hopital mukuma kia Sikama tuamoka

Mubilumbu bialanda, wayelenge kuna l'hopital mu kuenda kuntala. Mungonda ya 10, Tata Simoni KIMBANGU wabakama bela kua vumu luta ye nsingu vimba (Méningite). Mpasi bu zakala za ngolo beni, kuna boloko kukakala, Directeur de prison wamfila kuna l'Hopital, wakangua moko ye malu mu chaîne, kadi yandi muntu a boloko.

Mu le 10/10/1951 tata Kimbanzia Timothée, wayenda kuna l'hopital mu kuenda tala nleke andi Manangu Samson. Bukaluaka vana muelo ya Lupitalu, wayenda buana policier kia seva ye sakanana Tata KIMBANGU Simon.

Policier vo : « Tala zoba diankaka dia Bakongo dieti kuiza. Niama yankaka nwa wawidi yuma koko nzo a bantu ba boloko. Oo KIMBANGU Iyandi uvuluza nza. Wavondese bantu babingi ye wakangisi bantu babingi musalu kia Nzambi andi, nki vo : Ngunza yoyo » … Baseva kibeni.

Tata Timothée Kimbanzia bu kalembwa zaya diambu, buna kakuba landa yevo kuba vovisa ko. Waluta kaka muna kati muakala tata Manangu Samson. Bukaluaka kua tata Manangu wanyuvula, kansi nleke nkia nsangu zena kuku lupitalu, kadi bu nkezi wa policier kezi vova nkumbu a Mbuta Muntu ye vovanga nkumbu a Bakongo ye bawonsono kiaseva ?

Tata Manangu : Vo mpila kiadi, Mbuta-Muntu zono kakotele kuku Lupitalu mu kimbevo kia vumu luta ye nsingu vimba, kansi yandi muntu mu mpasi bankengi diaka moko ye malu mu chaîne.

Buna kiadi kiambaka, tata Kimbanzia wakota kaka vana vau muna suku dia kala Tata KIMBANGU Simon. Bukakota muna suku, bukamona Papa KIMBANGU Simon ye mputa tuka muna nua ye mu mbombo buna wanyuvula : Mfumu'Ame, Nkia lumbu kimbevo kiaki kia kubakie ? Papa KIMBANGU Simoni vo : « Timothée, ntangu yimeni »

Mu ntangu kayuvudingi momo, Ma sœur Dossein wakala kuna nsuka nzo mukuiza kena ntinu. Wanyuvula kua soda diakala garde vana muelo vo : Nani kotese muntu ya ndondo muna nzo a bambevo za bantu ba boloko e ? Soda vo : Yandi mosi kotele.

Ma sœur vo. Nkia kanda yandi muntu'ndondo e ? Soda vo « Nkongo » Ma sœur vo : Nkia Camp kavuandanga ? Soda vo : Katuzeyi ko. Buna Ma sœur wayiza kwa tata Kimbanzia, walomba vo kamvana « matricule », kansi tata Kimbanzia vo. Kilendi ko.

Ma sœur wafuema mu ngolo beni. I bosi tata Kimbanzia wa tatamana mu yuvula Papa KIMBANGU Simon, Yandi vo : Bueyi weta toma muina muna mpasi zozo ? Buna Papa KIMBANGU Simon vo : Kilendi niaka diaka ko.

Tata Kimbanzia bu kawa bobo, nkenda zambaka, wavayika ku mbazi, wadila. I bosi wavutuka muna suku diakala nleke andi Manangu Samson, wansonga bonso buantela Tata KIMBANGU Simon.

Yandi vo : bubu si yikuenda kuna Cité Indigène muzayisa kua bampangi i Bakongo vo Mbuta-Muntu mu mpasi kena. Buna wayenda kuna Cité Indigène ye wamonana ye ba tata Musosa Philippe, Mbambukulu Anselme, Dimbelolo James, Mampuya Dominique, Kulumbu Gaston

Bakongo bakala ku Elisabethville, bamona nkenda mu nsamu wowo. Mukia le 11/10 /1951, Bakongo bakubama mu kuenda tala papa KIMBANGU Simo kuna l'hôpital, kansi Ma sœur wasa nkaku vo kulendi kota Bakongo ko.

Mu kia le 12/10/1951, muna nsuika, Papa KIMBANGU Simon bu kamona ntangu andi yakatuka va nza yifueni, buna walomba kua Ma sœur Dossein vo : « Nzolele ba militaires ye ba policiers biza yabavana lusakumunu ye kani mbote ya mpamba ya bamvana, kadi bawu bavuendi yami mu bilumbu biabingi ye mono Simon KIMBANGU yakengelongo kua bawu ku boloko ». Kansi Ma sœur kazola ko.

Buna Ma sœur vo : Konso mambu mana vuidi nfunu, songa mo kua beto, kansi Tata vo : kilendi ko, lumbokidila kani nleke ami Kimbanzia Timothée wena ku Camp Major Massart kiza tuomonana. Ma sœur Dossein watonda ye wazayisa kuna Camp Major Massart, kansi Commandant dia Camp Major i Mr Van Hoorebeke kazola ko.

Buna Papa KIMBANGU Simon wabokila Pasteur kuna Mission Méthodiste kansi Ma sœur vo : « Mbote tuabokila maza ma nsuka mpasi wabotukua. »

Tata KIMBANGU Simon vo : « MUNTU KALENDI KALA NANGA KUA MFUMU ZOLE KO ». Buna muna ntangu yina wabokela Pasteur Joël Bulaya. Bukayiza, basambila yandi ntangu yayingi viokila wola ya mvimba.

Tata Kimbanzia kuna kisalu kakala, ntima ka mbote kaka ko. Buna mu nkokila bukatomboka ku kisalu, waluta kaka kuna l'hôpital. Waluaka kuna l'hôpital muna 4h30min.

Bukaluaka kaka vana mwelo, Tata KIMBANGU Simon watabuka vumuna. Buna walambakana kaka muna nzo. Bubaluaka muna nzo wabuana mpelo a ndombe ye kopo diandi dia maza ma pompi, nki vo : « Tata kabotokele kadi yandi mosi zolele bo »

Buna Tata Kimbanzia wayuvula bakala vana ye bawu vo : « Tuka nsuika i ngeye kakezi kuayilanga lua monana, kansi ka ba zolelenge ko, ye yandi kibeni kazolelenge botukua kua mpelo ko. Wa buana mpe nleke andi Manangu Samson telamene vana mwelo.

Tata Kimbanzia wavutukisa kwa infirmier Benjamin ku porte, yandi i muesi Kwango, kanda diani Mumbala. Wanzayisa vo : Bu kiena vo ngeye

110

Usadilanga kuku Hôpital, buna mbote tualomba Nitu a Tata mpasi tuanzika yo beto kibeni. Buna tuakota yandi muna suku diavuandilanga ba sœurs de garde.

Tata Benjamin Mowana bu kayantika mu vova kua Ma sœur, Ma sœur vo : bika tuayuvula kua Médecin Provincial ; Médecin Provincial wayuvula kua Gouverneur de Province ; Gouverneur de Province wayuvula kua Gouverneur Général Mr Jüngers kuna Léopoldville ; Mr Jüngers wayuvula kua Roi Baudouin kuna Bruxelles.

Roi Baudouin i yandi wavana accord vo « Ka diambu ko nitu yilenda vanua kua Bakongo mpasi vo banzika yo ». Buna mvutu zavutuka na te ye kua Ma sœur kuna Elisabethville ibosi babaka mvutu.

Buna tata Kimbanzia wayenda kuna Cité Indigène mu zayisa kua ba mpangi Bakongo vo Tata KIMBANGU Simon vundidi, ye mpe vo mvumbi yiveno kua beto Bakongo mpasi tuazika yo. Kadi ntangu yina nsiku wakala evo muntu'a boloko vo fuidi kafueti yokwa, kalendi zikua ko. Wayenda mu vélo kuna Camp Simonet.

Buna muna mvutuk'andi kuna ville ya mindele, bakuika minda, nkembo wawunene kua mindele, banua, bakina, basakana, baboka, bazieta ville yamvimba. Wavutuka diaka kuna Hôpital muna mpimpa yina wabuana nkunga mia ba Katolika mubula diena, kadi edi bavovelenge vo Yandi Tata kasidi diaka mu Missioni ko, kansi kitukidi Muntu a mpelo, botokolo kua mpelo a ndombe.

Tata Kimbanzia muna yandi kiadi ye nkenda binsimbidi mu ntima, mu kuenda didi kaka i kenina. Wavutuka kuna Camp Massart, wazayisa zimpangi vo : Tata vundidi, buna luvanganu mafundu(cotisations) bonso buena fu kia Bakongo.

Buna bawu mpe bankaka ngongo awu. Kwamonika bankaka bakala ye luzolo bavana tuka 10 frs na te ye 5 frs kadi wonga wakala ye bantu ngatu bakengo kua Flamands. Bankaka bayenda muna mpimpa yina kua Commandant de Camp mufunda tata Kimbanzia.

Muna nsuika kia le 13/10/1951 Mu appel ya nsuika, tata Kimbanzia bu kawa kaka i mbila vana kati dia bataillon dia mvimba ditelamene : « Kimbanzia Timothée 1ier Sergent ye Baku Philippe mpe 1ier Sergent, luiza kuna bureau » ... « Bakotusua mu bureau ya Commandant de bataillon, Commandant vo : Ngeye Kimbanzia Timothée, ngeye lumpisingi mbongo muzikisa KIMBANGU. I luzailu lualu : Vo ngina wa vo ngeye fidisi ba militaires kuna ngeye una kuenda condamné de mort (nzengo'a lufua) va fulu kia KIMBANGU.

Tata Kimbanzia vo : mono kieta mona kiese ko mu ntim'ami mu kakila muntu'afua nzila muna kunzika. Major vo : Chef de Poste Tula 1ier Sergent Kimbanzia mu boloko, katula nlele miandi miamio mu nitu andi, vana nsikulusu kua bankaka vo ka balendi kunzibula ko. Buna tata Kimbanzia wakota mu boloko. Watuma kua Chef de Poste mu kunsonika nkanda waunene wa boloko.

Tata Kimbanzia wavana ndambu'a mbongo zi kabaka muna mpimpa kua nkento andi mama Leoso Elisabeth, wanzayisa vo : Tela bambuta basumba pantalon ye chemise bia mpembe ye nkela, buna fi ndambu fia fualanki fiena fio mpasi balandila nzila mu zikila nitu a Tata. Muzola kua kala ye Bakongo kuna Elisabethville, kieleka bavanga mpe nzeyi i buna bu kazodila dio.

Mu ntangu yina yi kavunda Tata katulua muna salle de mort ko. Vana mfulu yina kafuila i vana, kakikadila, babanza vo nanga Tata si kafuluka diaka mu mpimpa yoyo. Mbevo zakala mu suku dina, bavayikisua zo ye fila zo mu masuku mankaka. Buna basakana Nitu a Tata muna mpimpa. Batobola Nitu'a Ngunza zintumbu, ba Ma sœurs bavanga mambu ma mpila mumpila mu Nitu ya Tata.

Mu mpimpa yina, batunga mbati wa vunga, batula wo poshi ye bamvuika wo. Muna poshi batula mo paki a sikaleti (cigarettes) ye bindua (boîte d'allumettes) ye ntoto wanikua ye makala. Basa bio muna poshi, mpasi vo bantu balembua kuikila mambu ma Nzambi. Muna mpimpa yina batula Minkengi bakengidila Nvumbi dia Tata.

Monseigneur mosi, Ba sœurs bole, Ba Docteurs bole, mindele miole mia basoda, mindele miole mia ba policiers ; mpelo miole.

Mukina kia le 13/10/1951 mu ntangu a nsuika, ba mindele balomba nkela mpasi batula nitu a Tata KIMBANGU Simon mulembi yo teka sukula. Kansi ba tata James Dimbelolo ye tata Anselme Mbambukulu ye Bakongo bawonso ka bazola ko vo Nitu a Tata ya tulua mu nkela kondua teka sukula.

Buna babonga Nitu a Tata muna mpimpa yina. Mbati ya vunga wamonika mu Nitu andi wavulua, ye bamvuika mbati'a mpembe ye kinkutu kia mpembe. Nitu a Ngunza yatoma kubukwa bonso bufueni.

Mu ntangu yatulua Nitu a Tata mu nkela, DISU DIA LUBAKALA DIATEMUNA, bantu babonsono bamona dio. Bakongo bavovasana mu ndinga Kikongo vo : « I NTANGU YIYI, KONSO MUNTU KASIMBA FIA FIANDI. » Bakongo bawonso basimba nkela yakala Nitu'A Ntumw'A Nzambi, bavanga dio mubaka nsambu.

Mu ngienda ku ziami, basa Nkel'A Mafua mu camion, i bosi batula ba Policiers Secrets ku ntuala, ku nima ye mu mpati lumonso ye lunene. Buna basaa nsiku vo muntu kalendi vova Kikongo ye vo Lingala ko, kansi Kiswahili kaka. Buna camion yavita ku ntuala, bantu bawonsono balanda ku nima. Bubaluaka ku ziami, bakulumuna nkela mu bulu, bazika ntoto. Buna basisa masoda ma sambanu mu kengila ndiamu.

Mulumbu kia ntatu kia mvund'a tata isi'avo kia le 14/10/1951, muna 1 heure ya nsuika, Tata KIMBANGU Simon wafuluka bonso Mwana Fioti. Ba Pulusi wonga wa babaka, batina na te ye bayenda zayisa kua Commissaire de Police vo : « KIMBANGU fulukidi ». Kansi Commissaire yandi vo luvunu luawu. Wabakanikina vo ka lulendi motaa kua muntu ko. Matayi 28 :11-15

Tata Kimbanzia Timothée watatamana mu funduswa. Bandia kiuvu : Nga nani wakuzayisa vo KIMBANGU Simon kimbevo kiena yandi ku l'Hôpital ?

Tata Kimbanzia Timothée wabangukua kibeni mu kuma kia wawu kalomba Nitu a Tata KIMBANGU Simon mu zika yo.

Aumônier Protestant Mr Michotte, wayiza telama va ntadisi a Commandant de Camp, wazayisa vo mbote luayambula Kimbanzia Timothée, ka mfunu mu kunlunda mu boloko ko, kadi kavengi diambu ko. I mu ntangu yoyo kaka tata Kimbanzia wavayikusua mu boloko. Nga luzolo lua Minkongudidi nga kafueti kaka kuenda condamné à mort mu vingana va fulu kia Tata KIMBANGU Simon, kansi Nzambi i nsadisi.

Mu ntangu yina yaluaka Tata Mfumu'A Nlongo ku Elisabethville buna wafundwa. Tata Kimbanzia wabaka nsamu kwa tata Musosa Ignace vo : Mwana Tata KIMBANGU Simon weti kwiza. Yandi i nzenza mu kuenda kumbaka kuna gare kia Elisabethville, buna batantu ba tata Kimbanzia bayenda kunfunda diaka vo : Kimbanzia i yandi wasisulu mamonsono kua KIMBANGU Simoni. Kansi mana kakala mo tulanga kwandi mu ntima ko.

Tata Mfumu'A Nlongo bu kaluaka kuna Elisabethville, wavanga bonso buena fu kia nsi. Wasumba mbungu a malavu mu yuvula nsangu za luziku lua Tata. Buna wasongwa nsangu ye wazayiswa bonso buaviokila minsamu miawonsono.

Wanatua ku ziami. Salu kia vangua kwa Zimbuta, kua tata Nsumbu François ye tata James Dimbelolo ye bankaka. Mu tunga ndiamu yavana wonga, Kulunsi diodio diatuka kuna Léopoldville. Bawu vo : Bantu bobo bue basadidi kulunsi diodio. Mu ntangu yina bavumina tata Kimbanzia Timothée.

Mu ntangu ba tata Kimbanzia batuka kuna Hôpital, bu baleka mu ndozi, Tata wayiza kuntala vo : Bika dila, si luambona mu mvutuk'ami. Ngiele mvula kumi ye mosi si luambona mu ntangu yina. Ngiele mulongoka ndinga za bafwa ye za ba moyo,

Mazayisua kua Tata Kimbanzia Timothée ku Nkamba Yeluselemi 1965

Ye masonukua mu wisa ye lutumu lua Tata Mvuala Dialungana K. Salomon

8. Nkanda Wuwu Wasonamene Mu Lutumu ye Nsua Kua Ndiona Wasolua Kwa Nzambi Wa Mpungu

Tulenda mukala Ntinu ye Ntu'a bantu ba Ndombe za wonsono ; yandi watambula wisa muvovavo luenda ebantu bele iyandi mpe una ye nsua muvovavo luiza ; ebantu bezidi. Yandi kuandi wantete i Mono kuami Mfumu Simon.

Nkanda wuwu wasonamene ye wafilusu mu ndambu za nsi zawonsono. Muzayisa mu Kongo-Belge ye mu Kongo-Français ye mu Kongo-Portugais.

Nkanda wuwu wena nsua mutangisa ye tangua kua Zimfumu za Palata, ye Mazuzi, ye Makalaka ye bantu bawonsono.

Nkanda wuwu wasonamene mu Nkumbu a Mfumu KIMBANGU, mu lutumu fidisiwo kua beno bawonsono ; mukala Ntu eno Ntinu a kanda dia Ndombe zawonsono. Muntu a Ndombe wafunduswa ye wafilusua ye wakangua mu nsi a kinzenza.

I Mono mpe yatulua mu boloko dia mpasi ye ya zengolua nkanu a lufwa. Kansi muna nzengo wowo ya nzengolua wa lufua, tuka muna ntangu yoyo yanungusua.

Kansi buna entangu ye bilumbu bia nsila Nzambi a Mpungu Tulendo kua Mono Mutelema ye Kala Ntinu a Bandombe, Entangu Yifueni ye ilungidi. Bubu Nga Luwudi e ?

Bubu silua mona e Mindele mikulutonta ye kulu meka ye kota muna ntima mieno ye kuluyuvulavo nga nani luzolele kakala Ntinu eno ? Mvutu eno vo : Nga Ntinu wowo wa satana vo wa Nzambi ? Ovo bekuluvutulavo : Wa Nzambi emvutu enovo, Beto tuvuidi Ntinu eto tuavanua kwa Tata Nzambi i Mfumu KIMBANGU yandi kaka i Ntinu eto, katuvuidi Ntinu wankaka ko.

Vo konso muntu bakidi nkanda wawu muangisa nsamu wowo kua bantu bawonsono mpasi bazaya ye tanga mpe.

Mono kibeni ntelamene vana kiti kua Zintumwa zami muvingila ngina ikuiza telamasua kua Gouverneur dia Amérique ukuiza ku ntelamasa ye kunsunzula vana kati kua beno bawonsono ye Mintinu mia Amérique.

Mono Ntinu Simon KIMBANGU

Ntalu bantu bena muna Kintuadi eyi. (I W 6.699.047.744

Zintumwa zakulu ezi.

1. Ntualani Thomas
2. Ndangi Pierre
3. Mukoko John
4. Mandombe Mikala
5. Mbonga Thérèse

Territoire des Cataractes Thysville

Le Diable, Satan-Lucifer ne crée rien du tout, il ne fait que le contre de
ce Dieu ait fait, ou il introduit de la perversion, ou une machination ou
encore plus des apparences ingénieuses de piété, mais qui en principe
rien justes des pièges. De la même façon Dieu a donné au Mont Sinaï, le
décalogue, lui aussi aux siens il en a donné dix.

1. Ne pas Prier (la prière est une Arme Efficace, une Résistance)
    La chanson des années 70, « Sambulu Bilendanga Mawonsono »
2. Ne pas Lire la Parole de Dieu (Christ a gagné dans sa Parole)
3. Dites aux chrétiens que Dieu n'a pas besoin de Dîmes et
    d'Offrandes
-   Trois lois de l'adoration (le Bois, le Feu, l'Agneau) : le bois
    (Parole), le feu (le Saint-Esprit), l'agneau (Offrande) Genèse XXII
-   On te mesurera en fonction de ce que tu donnes Malachie III ;7
-   Le diable est un serviteur de Dieu, Dieu est la Source Intarissable
-   Quand je donne, je donne à Dieu, à Jésus-Christ, au Saint-Esprit
-   La Dîme est l'Ouverture des Écluses du ciel, la Porte du ciel

4. Laisser les chrétiens pauvres en les empêchant de donner les
    Dîmes et les Offrandes
-   Akiel, le démon de la pauvreté, Aquela en latins
-   Le diable fait des chrétiens des mendiants
-   Les mendiants sont des proies faciles pour tous prédateurs

5. Allez propager de la Haine et la Division dans la Famille et dans
    l'Église
-   Le diable combat les familles unies, les églises unies
-   Le diable n'aime pas l'unité
-   Le diable divise pour régner
-   Akam, démon religieux, démon de la division, le démon
    séparateur, baptisé aussi St François d'Assise

6. Ne permettez pas aux chrétiens de Prêcher, d'Enseigner et de Témoigner la Gloire de Dieu
- Témoigner de la Gloire de Dieu, de la Manifestation de Dieu, de l'Amour de Dieu est la Pure des Louanges

7. Faites des chrétiens des polygames en toute chose de la vie
- Un polygame est un profanateur de tout ce qui est saint ou sacré
- Aimer autre chose plus que Dieu, c'est la polygamie
- Avoir 2 maîtres, c'est la polygamie (Mammon et Dieu)
- Aimer sa famille plus que le Seigneur, c'est la polygamie

8. Soumettez les chrétiens à l'adoration des idoles et des images
- Les vrais adorateurs adorent en Esprit et en Vérité
- Les faux adorateurs se servent
> (a)- Des Chapelets, Croix, Crucifix, Photos de soi-disant X
> (b)- Des Poubelles, Immondices (Aérodromes des Sorciers)
> (c)- Des Toiles d'Araignées (État d'âmes, pas propre)
> (d)- La Bouche (Trop bavard, pas de secrets)

9. (a)Soumettez les chrétiens au contact de la télévision, les réseaux sociaux, ainsi que les divertissements pour qu'ils ne résistent pas à la tentation
- Posez un Acte dont tu ne sais pas le Pourquoi ?
Exemple : Jeter de la salive après avoir uriner
(b) Soumettez les chrétiens aux cultes des ancêtres
Exemple. Lavez les mains dans un bassin après le cimetière
> Se couper les cheveux après un deuil, portez du noir

10. Ne prononcez jamais le nom du soi-disant Créateur et de son Fils

« 3 ; 5 ; 15 = 23 ; 2023 *Tokobandela na Zéro !* »

TABLE DES MATIÈRES

Printed in Great Britain
by Amazon